スポーツの未来を考える ❷

最新スポーツビジネスの基礎 第2版

スポーツ産業の健全な発展を目指して

S P O R T S

EY新日本有限責任監査法人 編

同文舘出版

改訂にあたって

　本書は「スポーツの未来を考える」と題したシリーズ書籍の第2弾に当たります。当該シリーズ書籍は2014年に出版した第1弾「スポーツ団体のマネジメント入門」から始まりました。そこでは，競技の振興と発展のために活動するスポーツ団体に焦点を当て，その透明性のある運営を確保するために必要な基礎知識を解説しました。第2弾となる本書「最新スポーツビジネスの基礎」は，企業がスポーツに関連した経済活動を健全に行う指針として，その実務を行う際の基礎知識を解説しています。そして，2018年12月に第3弾「スポーツの可能性とインテグリティ」を発刊し，3部作としての完成を見ることとなりました。特に第2弾となる本書は多くの読者の方に手にとっていただき，今回の第2版の出版となりました。

　わが国のスポーツ界は，スポーツ団体を中心に普及と発展の歴史を重ね，独自の価値観を築いてきました。一方，わが国のビジネス界は，企業が中心となって経済的な豊かさを追求してきました。しかし，互いに大きなパワーを秘めた両者が交わるところにあるスポーツビジネスは，わが国においてなお発展途上の段階にあると考えられます。

　近年では，スポーツビジネスのもつ可能性に高い注目が集まっており，2015年に発足したスポーツ庁のさまざまな活動が象徴するように，スポーツビジネスを国の基幹産業に育て，経済発展の1つのドライバーにしようという官民挙げての試みが進められています。

　スポーツはフェアなルールのもとで正々堂々と競い合うことに何よりの魅力があります。それはビジネス界でも共有される価値観です。本来，両者は

互いを高め合い，良好な共存関係を築くことができます。しかし，例えば，ビジネス界の理屈が間違ったベクトルでスポーツ界に働き，お金の誘惑に負けてスポーツの高潔性を損なうような事件が起これば，スポーツの魅力そのものが失われかねません。また，企業がスポーツ界に無防備に踏み込めば，知らぬ間にこれまで経験したことのないリスクに晒されかねません。

そこで，本書はスポーツビジネスで稼ぐコツを伝授しようとするものではなく，読者の皆様に，わが国のスポーツビジネスが健全に発展するために，スポーツビジネスが目指そうとしている方向性と，最低限知っておきたい基礎知識を提供することに重点を置いています。それこそが，企業の発展，ひいては国民経済の発展に寄与すると考えているからです。

私達，EY新日本有限責任監査法人は，世界約150を超える国と地域に約25万人の構成員を持つEY（アーンスト・アンド・ヤング・グローバル・リミテッド）の日本におけるメンバーファームです。その主たる業務であるアシュアランスサービスにおいては，主に企業，自治体を直接のクライアントとしながら，国民経済の健全な発展に寄与することを使命として公正な立場から監査意見を表明することが求められます。クライアントと真摯に向き合いながら，フェアな立場から意見を表明することが求められる監査法人だからこそ，フェア精神を何よりも尊ぶスポーツの健全な発展に貢献できると信じています。

本書の執筆は，EY新日本有限責任監査法人の専門家に加え，スポーツビジネスの最前線で活躍される外部の多くの方々の協力を得て実現しました。私達の生活に広く浸透しているスポーツビジネスに纏わる具体的な数値データを紹介し，さまざまな角度から解説し，スポーツビジネスに関する幅広い情報を提供する内容になっています。本書が，スポーツビジネスに携わって

いる方，関心をもたれている方，学んでいる皆さまにとって，1つの道標となれば幸いです。

2021 年 4 月

編集担当　多田　雅之

EY新日本有限責任監査法人　パートナー

第Ⅰ部　スポーツビジネスとは

1　スポーツビジネスの世界 ……………………………………3
　　1．スポーツ産業の誕生　　3
　　2．本書におけるスポーツビジネスの定義　　5
　　3．市場規模のトレンド分析　　8

2　わが国のスポーツビジネスのビジョン ………………… 18
　　1．スポーツ行政改革　　18
　　2．4つの基本的な考え方と3つの課題　　20
　　3．スポーツイベントの経済効果　　27

第Ⅱ部　企業とスポーツ

3　企業のスポーツ活用 ………………………………… 35
　　1．スポーツ・アクティベーション　　35
　　2．スポーツ・ブランディング　　40
　　3．企業の長期的価値の追求とスポーツ　　46

4　リスクへの対応 ……………………………………… 52
　　1．スポーツの特性　　52
　　2．スポーツビジネスで注意したいリスク　　55
　　3．リスクへの対応（1）－ガバナンス　　59
　　4．リスクへの対応（2）－危機管理　　62
　　5．リスクへの対応（3）－コンプライアンス　　66

第Ⅲ部　ビジネス別の論点

5　スポーツ用品ビジネス ・・・・・・・・・・・・・・・・・・・・・・・・・・・・・75
　1．ビジネスの概要　75
　2．特徴的なビジネスリスク　76
　3．関係性の深い法規制　79
　4．特有の会計処理　80

6　スポーツ食品ビジネス ・・・・・・・・・・・・・・・・・・・・・・・・・・・・・88
　1．ビジネスの概要　88
　2．特徴的なビジネスリスク　90
　3．関係性の深い法規制　90
　4．特有の会計処理　91

7　スポーツメディアビジネス ・・・・・・・・・・・・・・・・・・・・・・・・・96
　1．ビジネスの概要　96
　2．特徴的なビジネスリスク　101
　3．関係性の深い法規制　103
　4．特有の会計処理　104

8　スポーツイベントビジネス ・・・・・・・・・・・・・・・・・・・・・・・・111
　1．ビジネスの概要　111
　2．特徴的なビジネスリスク　114
　3．関係性の深い法規制　116
　4．特有の会計処理　117

9　スポーツ施設建設・スタジアム経営 ・・・・・・・・・・・・・・・124
　1．ビジネスの概要　124

2．特徴的なビジネスリスク　127

3．関係性の深い法規制　128

4．スポーツ施設建設，スタジアム経営の今後　129

10　プロスポーツビジネス ……………………………………140

1．ビジネスの概要　140

2．特徴的なビジネスリスク　144

3．関係性の深い法規制　145

4．特有の会計処理　146

11　選手のマネジメント・エージェント ………………………156

1．ビジネスの概要　156

2．特徴的なビジネスリスク　161

3．関係性の深い法規制　162

4．特有の会計処理　163

第Ⅳ部　スポーツビジネスのこれから

12　日本と海外のスポーツビジネス ……………………………173

1．世界のスポーツビジネスとのスケール比較　173

2．プロスポーツビジネスのスケール比較　177

13　スポーツビジネスの創出 ……………………………………184

1．スポーツツーリズム　184

2．スポーツとテクノロジー　189

3．eスポーツの台頭　190

4．スポーツビジネスの成長を支える諸要因　196

5．スポーツビジネスの周辺知識　203

Column 一覧

・スポーツマネジメントと大学 ……………………………………… 16

・発展途上国とスポーツ …………………………………………… 70

・スポーツブランドとスニーカー ………………………………… 86

・スポーツドリンク・エナジードリンク ………………………… 93

・スポーツと報道 …………………………………………………… 108

・スポーツと教育 …………………………………………………… 120

・ネーミングライツ ………………………………………………… 136

・地域型クラブの考察〜インタビューを通じて〜 ……………… 150

・プロスポーツ選手のセカンドキャリア ………………………… 165

・新しいビジネスの創出〜IT を活用したスポーツレッスン〜 … 210

第Ⅰ部

スポーツビジネス
とは

　私達の生活にはスポーツが溢れています。読者の皆さまも，趣味や健康管理のための運動，スタジアムやテレビでの観戦，関連雑誌やWebサイトの閲覧・視聴，さらにはファッションまで，日常生活のさまざまな場面でスポーツと触れ合っていると思います。近年では，世界を舞台に活躍するスター選手が増え，2019年にラグビーワールドカップ（以下，W杯）が国内で開催されるなど，私達のスポーツへの関心は高まるばかりです。そして，それはスポーツにまつわるビジネスチャンスの拡大を意味しています。しかし，多くの方がスポーツビジネスに関心をもたれている一方で，スポーツビジネスの全貌を思い浮かべることができる方は多くありません。スポーツが私達の生活のいたるところに根付いているからこそ，また，スポーツビジネスが急速に発展しているからこそ，スポーツビジネスという言葉が意味するものは，実は曖昧なままにされているのではないでしょうか。

　第Ⅰ部では，まず本書で取り扱うスポーツビジネスの定義を示し，その全体像を紹介します。次に，わが国のスポーツビジネスが取り組むべき課題，スポーツイベントの経済効果の考え方を解説し，読者の皆さまにスポーツビジネスの最前線の世界を紹介します。

1
スポーツビジネスの世界

▶ 1. スポーツ産業の誕生

　近代スポーツの普及とともに，それにまつわるビジネスも多様化しながら発展してきました。しかし，それらが広く捉えられて1つの概念で認識されるようになったのは，比較的最近のことです。

　「スポーツ産業」がより包括的な概念として認知されたのは，『最新スポーツ大事典』（日本体育協会監修, 1987）の中で「スポーツ産業」という項目が設定され，「スポーツやスポーツにかかわる財やサービスの生産と提供を事業内容とする産業」と定義されたことが1つの契機となります。これに呼応する形で，1988年にはスポーツに関連する団体や企業が集結し，社団法人スポーツ産業団体連合会（現在の公益財団法人スポーツ健康産業団体連合会）が設立されました。さらに，1990年に日本スポーツ産業学会が創設されると，学問の分野でも「スポーツ産業」が研究対象として広がりました。

　1993年にスタートした日本プロサッカーリーグ（Jリーグ）はスポーツのプロ化への意識を高めました。それまでにも，プロ野球，プロゴルフ，大相撲，プロレスリングといったプロスポーツがありましたが，Jリーグの発足を1つのきっかけに，多くの競技関係者がわが国のスポーツのプロ化の可能性を見出したのではないでしょうか。

　一方，欧米では，わが国に先んじてスポーツをビジネスの対象としてきました。特に，アメリカは早くからベースボール，アメリカンフットボール，バスケットボール，アイスホッケーといったプロリーグが，地域に密接に結びついて発展し，文化の一部として根付いていました。そして，試合の興行，

スポーツ用品の製造・販売だけでなく，代理人ビジネス，コンサルティングなど大小さまざまな周辺ビジネスを発展させ，スポーツ産業界においてもパイオニア的な存在となっています。

欧米でスポーツのビジネス化が急速に進んだのは1980年代から1990年代ですが，そのきっかけは1984年にアメリカで開催されたロサンゼルス・オリンピックにあるといわれています。それまで国家的イベントとして行われていたオリンピックは，多額の赤字や政治的な理由によるボイコットなどで行き詰まりをみせていました。ロサンゼルス・オリンピックではそれを打破するために，放映権や商標権による権利ビジネスという発想が初めて導入され，黒字化に成功したのです。

これを契機にスポーツ界における権利ビジネスが急速に発展し，メディアの発達も伴って放映権等の権利価格が高騰すると，多額の資金がスポーツに流れ込むようになります。

欧米でスポーツのビジネス化が進んでいることを示す例の1つとして，ヨーロッパのプロサッカーリーグではM&AやIPOが盛んに行われていることが挙げられます。例えば，イギリスの強豪マンチェスター・ユナイテッドは1992年にロンドン証券市場に株式上場し，2005年にはLBO（レバレッジ・バイ・アウト）によって現オーナーに売却され，2012年にはニューヨーク証券市場に上場しています。歴代の経営陣には，公認会計士，MBA所持者などが名を連ね，スタジアムを中心とした施設やグッズ販売との一体運営を進めるとともに，メディア戦略も含めたグローバルなマーケティングを行うなど，高度なビジネス手法を用いてその企業価値を高めています。その他，アーセナル（ロンドン証券市場），ユベントス（ミラノ証券市場），ボルシア・ドルトムント（フランクフルト証券市場等）など，多くのプロサッカーチームが上場しています。

学問の分野においても，スポーツマネジメントへの関心は世界的に高く，アメリカでは1987年に北米スポーツマネジメント学会が発足され，現在200以上の大学にスポーツマネジメントに関連する学科・コースがあります。

その他の地域でも，ヨーロッパスポーツマジメント学会（1994年），オーストラリア・ニュージーランドスポーツマネジメント学会（1998年），アジアスポーツマネジメント学会（2002年）が発足されています。わが国でも，2007年に日本スポーツマネジメント学会が設立され，2010年には日本学術会議の協力学術研究団体に指定されています。

　こうした世界的な動向も受けて，「スポーツ産業」という概念がわが国でも浸透し，ついには国策にも反映されることになります。わが国のスポーツ政策を主幹する文部科学省は，多様化しながら発展をみせるスポーツを受けて，2011年にそれまでわが国のスポーツの国策の基本となっていた「スポーツ振興法」（1961年）を全面改正し，「スポーツ基本法」を施行しました。その中の第十八条において，スポーツが発展する上でスポーツ産業が果たす役割の重要性を謳っています。現在では，政府の成長戦略の中に成長産業として組み込まれるまでになっています。

第十八条　国は，スポーツの普及又は競技水準の向上を図る上でスポーツ産業の事業者が果たす役割の重要性に鑑み，スポーツ団体とスポーツ産業の事業者との連携及び協力の促進その他の必要な施策を講ずるものとする。

▶ 2. 本書におけるスポーツビジネスの定義

　わが国には，1949年に設定され，数年おきに改訂されている伝統的な産業分類がありますが，その中に「スポーツ産業」という大分類はありません。しかし，大分類を降りていくと，さまざまな産業の中にスポーツに関するビジネスが散りばめられていることがわかります（図表1-1）。

　近年ではスポーツに関するビジネスは急激な変化と広がりをみせています。そのため，これらの伝統的な分類だけでその姿を表そうとするのには限界があります。そこで，『スポーツBIZ. ガイドブック07-08』（江戸川大学スポーツビジネス研究所，2007）で紹介されているスポーツにまつわるビジネ

図表1−1　日本標準産業分類

大分類	細目（抜粋）
A−農業，林業	
D−建設業	
E−製造業	1165 スポーツ用衣服製造業 3253 運動用具製造業
G−情報通信業	
H−運輸業，郵便業	
Ｉ−卸売業，小売業	5593 スポーツ用品卸売業 6071 スポーツ用品小売業
J−金融業，保険業	
K−不動産業，物品賃貸業	7051 スポーツ・娯楽用品賃貸業
L−学術研究，専門・技術サービス業	
M−宿泊業，飲食サービス業	
N−生活関連サービス業，娯楽業	8025 演芸・スポーツ等興行団 803 競輪・競馬等の競走場，競技団 804 スポーツ施設提供業
O−教育，学習支援業	8246 スポーツ・健康教授業
P−医療，福祉	
R−サービス業（他に分類されないもの）	
S−公務（他に分類されるものを除く）	

出所：総務省「日本標準産業分類」（第13回 2014年4月1日施行）を参考に筆者作成。

スの例示を参照しながら，図表1-1の日本標準産業分類に当てはめてみました（図表1-2）。こうしてみると，スポーツビジネスはほぼすべての産業分類に含まれていることがわかります。

　本書では，こうしたスポーツに関するビジネスを幅広く捉え，スポーツビジネスと呼ぶこととします。前述の「スポーツ産業」の定義「スポーツやスポーツにかかわる財やサービスの生産と提供を事業内容とする産業」と大きく変わることはありませんが，従来の「スポーツ産業」という言葉が限定的な範囲を示す場合もあることから，それとは区別して今後創出される新しいサービスやアイディアも含めることを意識しています。

図表1－2　日本標準産業分類と『スポーツ BIZ. ガイドブック 07-08』

日本標準産業分類の大分類	スポーツ BIZ. ガイドブック 07-08 より抜粋
A－農業，林業	芝や馬の育成
D－建設業	スポーツ施設の建設
E－製造業	スポーツ用品の製造，スポーツ飲料・健康食品の製造
G－情報通信業	スポーツニュース（新聞，テレビ，インターネット），スポーツに関する出版，スポーツ番組の制作（テレビ，ラジオ，動画配信），放映権の売買，スポーツゲーム等のコンテンツの開発・販売，市場・世論調査，情報分析・提供
H－運輸業，郵便業	大型スポーツ用具の運搬
I－卸売業，小売業	スポーツ用品の輸入・輸出・販売・リサイクル
J－金融業，保険業	スポーツ傷害保険サービス
K－不動産業，物品賃貸業	スポーツグッズのリース，スポーツ施設の運営・警備，売買，賃貸
L－学術研究，専門・技術サービス業	広告代理店，写真業，デザイン業，コンサルタント業（選手マネジメント，代理業），弁護士，弁理士，司法書士，公認会計士，税理士，栄養士，インストラクター，スポーツに関する研究機関，トレーニングセンター
M－宿泊業，飲食サービス業	スポーツ宿泊施設（ホテル，ペンション，旅館），スポーツバー，スポーツカフェ
N－生活関連サービス業，娯楽業	スポーツツーリズム（旅行企画，旅行代理店），リゾート経営，イベント企画，大会・競技運営，公園の運営管理
O－教育，学習支援業	学校指導，スポーツスクール運営，フィットネスクラブ
P－医療，福祉	病院，整形外科，トレーナー，マッサージ，針・灸
R－サービス業（他に分類されないもの）	人材派遣
S－公務（他に分類されるものを除く）	行政機関（関連法規の制定，スポーツ団体の所管等），各種スポーツ団体

出所：総務省「日本標準産業分類」と江戸川大学スポーツビジネス研究所『スポーツ BIZ. ガイドブック 07-08』を参考に筆者作成。

　また，これまでも従来の産業分類とは異なる枠組みにおいて，スポーツビジネスを整理しようとする試みは継続的に行われてきました。例えば，1977年から発行されている『レジャー白書』（公益財団法人日本生産性本部）はスポーツ部門の構成を見直し続けていますし，通商産業省（現経済産業省）が1990年に発表した『スポーツビジョン21』でも新しい枠組みでの整理が行われています。

図表1-3　スポーツビジネスの全体像

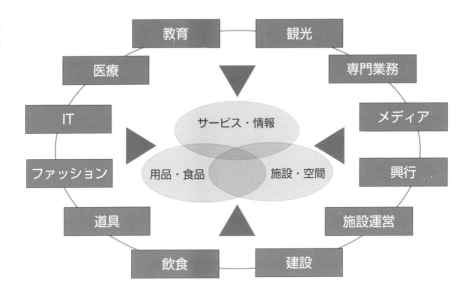

出所：原田宗彦編著『スポーツ産業論（第6版）』を参考に筆者作成。

　そこで本書では，2015年に第6版が発行された『スポーツ産業論』（原田宗彦編著）を参考にして，読者の皆さまがスポーツビジネスの幅広さを感じ取ってもらえるように改めてイメージ図を提示しました（図表1-3）。

▶ 3. 市場規模のトレンド分析

　スポーツビジネスがいち早く発展した欧米でも，スポーツビジネスについて広く人々の同意を得られた標準的な統計値をみつけるのは容易ではありません。わが国でも，「スポーツ産業」という概念が浸透し，相当な規模であろうと認知されるに至ったものの，スポーツという切り口で十分に市場規模の推計やトレンドの分析がなされてきたとは言い難いでしょう。これは，ス

ポーツビジネスの確固たる定義が存在しなかったことに起因して，信頼性の高い基礎データが存在せず，市場規模の推計や経年変化についてまとまったデータの分析をみつけるのが困難だったためです。

　前述の『レジャー白書』は，余暇関連産業の1つとしてスポーツ部門を取り上げ，市場の規模と推移を長期に亘りデータ提供しています。しかし，『レジャー白書』においてスポーツ部門に含まれているのは，スポーツの商品，スポーツ施設の利用料，スポーツ観戦などに留まり，例えば，昨今成長著しいと考えられているスポーツを目的とした観光（スポーツツーリズム）や，注目が高まるスポーツジャーナリズムなど，本来スポーツビジネスとして捉えられるビジネスが含められていません。

　そこで本書では，2014年に経済産業省が公表した『平成25年度我が国経済社会の情報化・サービス化に係る基礎基盤整備』に着目し，市場規模のトレンドの分析を試みます。当該報告書では，既存のデータだけではなく，新たなインタビューやアンケート，そして一部推計なども活用しながらスポーツ産業を5つに分類し（図表1-4），2010年度におけるスポーツ産業の市場の推計を実施しています。その結果，スポーツ産業の市場規模を合計8.56

図表1-4　スポーツ産業5つの分類

①スポーツ用品産業：	製造業，卸業，小売業，用品レンタル
②スポーツ施設・空間産業：	ゴルフ場，ゴルフ練習場，スキー場，テニス場，テニス練習場，フィットネスクラブ，ボウリング場等
③スポーツサービス・情報産業：	スポーツジャーナリズム業（新聞・書籍・雑誌・テレビ・インターネット），スポーツ興行団（プロ野球，サッカー，大相撲，その他プロスポーツ等），スポーツ観戦，スポーツ保険，スポーツマネジメント等
④教育・公共体育分野：	教育，公共体育館
⑤その他：	公営ギャンブル（競馬・競輪・競艇・オートレース・サッカーくじ），ゲーム，ビデオソフト

出所：経済産業省「平成25年度我が国経済社会の情報化・サービス化に係る基礎基盤整備」より引用。

兆円と推計しました。

　本書においては，主に民間産業におけるスポーツビジネスを主眼に置いているため，そのうちの「①スポーツ用品産業」「②スポーツ施設・空間産業」「③スポーツサービス・情報産業」の合計である5.06兆円を2010年度における市場規模として認識します。一方，国や地方自治体が主導する「④教育・公共体育分野」および公営ギャンブルが大半を占めている「⑤その他」の2つについては集計の範囲外とします。また，この集計には，スポーツ食品やスポーツ医療等，その範囲を線引きすることが難しいものについては含めていません。

　次に，「平成25年度我が国経済社会の情報化・サービス化に係る基礎基盤整備」に定義された市場規模推計の根拠に依拠しつつ，一部新たな推計を用いて2013年度におけるスポーツ産業の市場規模を推計しました。その結果，2013年度における市場規模は5.56兆円程度と推定され，その内訳はそれぞ

図表1-5　スポーツ産業の市場規模の内訳（2013年度）

カッコ内は金額（億円）

その他（3,994）	その他（3,193）	スポーツ興行・その他（2,457）
	フィットネスクラブ（4,223）	スポーツジャーナリズム（6,476）
釣り（1,219）	ゴルフ練習場（2,396）	スポーツ観光・イベント（14,734）
アスレチック（1,703）	ゴルフ場（8,827）	
アウトドア（1,741）		
スポーツシューズ（1,976）		
ゴルフ（2,629）		

← スポーツ用品産業 1兆3,262億円 → ← スポーツ施設・空間産業 1兆8,639億円 → ← スポーツサービス・情報産業 2兆3,667億円 →

スポーツ産業市場規模：5兆5,568億円

出所：経済産業省「平成25年度我が国経済社会の情報化・サービス化に係る基礎基盤整備」を参考に筆者算定。

れ「①スポーツ用品産業」が約 1.33 兆円，「②スポーツ施設・空間産業」が約 1.86 兆円，そして「③スポーツサービス・情報産業」が 2.37 兆円となりました（図表 1−5）。

　これによって，経済産業省が推計した 2010 年度時点と 2013 年度における市場規模の 2 期間の比較が可能になり，市場のトレンドを考察することができます（図表 1−6）。

　図表 1−6 から，2010 年度から 2013 年度にスポーツ産業は年平均成長率で約 3.2% と日本全体の GDP 成長率を上回る成長を示していたこと，3 年間で 5,000 億円程度の規模で拡大していたことなど，これまで数字として捉えきれていなかった市場の姿が浮かび上がってきます。

図表 1−6　スポーツ産業の市場規模のトレンド

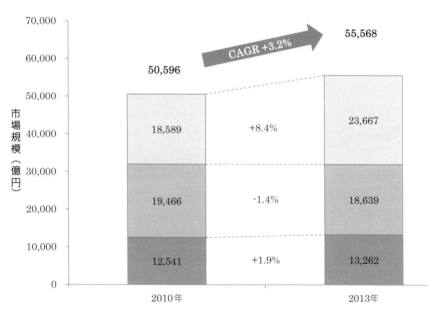

出所：経済産業省「平成 25 年度我が国経済社会の情報化・サービス化に係る基礎基盤整備」を参考に筆者算定。

また，スポーツ産業としては，約3.2%の年平均成長率ですが，それぞれの分類をみてみると傾向が異なることもわかります。「①スポーツ用品産業」および「③スポーツサービス・情報産業」は成長を示す一方で，「②スポーツ施設・空間産業」は市場規模がやや縮小しています。そこで，次に，それぞれの分類について，動向とその背景を概括します。

（1）スポーツ用品産業

スポーツ用品産業は，全体として年平均成長率で約1.9%の成長をみせていますが，その中でも特にアウトドアとスポーツシューズの分野で市場規模が拡大しています（図表1-7）。

これは，近年のランニングブームにより，手軽に取り組むことができるランニングを趣味として始める人が増えていることや，「山ガール」という言葉がすっかり定着しているように，従来の機能優先の登山用品とは異なるお

図表1-7　市場規模の内訳の推移：スポーツ用品産業

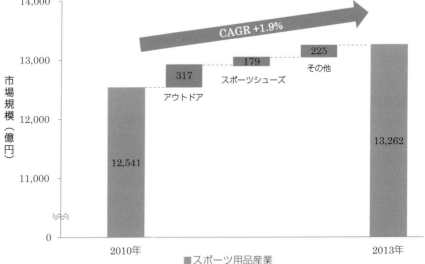

出所：経済産業省「平成25年度我が国経済社会の情報化・サービス化に係る基礎基盤整備」を参考に筆者算定。

洒落なアウトドア用衣料を身に着けて山登りを楽しむ若い女性が増えていることが一因と考えられます。その後も1人キャンプやグランピングの普及など，アウトドア分野の注目は高まり続けています。スポーツ用品産業においては，依然として高価格の道具を必要とするゴルフ用品の市場規模が大きな割合を占めますが，将来的には人口構成や嗜好の変化によって市場構造が大きく変化することも考えられます。

（2）スポーツ施設・空間産業

　スポーツ施設・空間産業は，全体として年平均成長率がマイナス1.4%と産業別で唯一市場規模が縮小しており，特に「その他」に含まれている体育館は2010年度に1,642億円だった市場規模が2013年度には693億円と1,000億円程度減少するなど，落ち込みが激しくなっています（図表1-8）。

図表1-8　市場規模の内訳の推移：スポーツ施設・空間産業

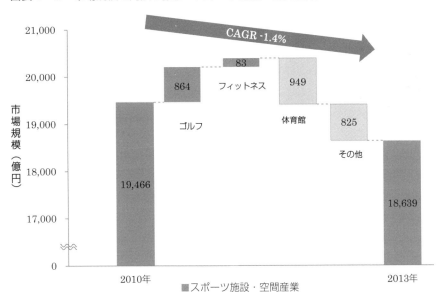

出所：経済産業省「平成25年度我が国経済社会の情報化・サービス化に係る基礎基盤整備」を参考に筆者算定。

　しかし，実は近年，体育館をはじめとするスポーツ施設に注目が集まっています。2016年に発足したバスケットボール新リーグ「Bリーグ」が所属チームに収容人数5,000人以上の本拠地確保を求めているように，「体育館」からエンターテインメント性を高めた「アリーナ」という未来型の屋内スポーツ施設への移行が期待されています。また，Jリーグのガンバ大阪のサッカー専用スタジアムである吹田スタジアム，プロ野球の横浜DeNAベイスターズの横浜スタジアムの買収と改修，東北楽天ゴールデンイーグルスのボールパーク化など，従来の単なる競技場とみられがちなスポーツインフラが新たな形に生まれ変わっていくことで，この分野の成長のドライバーとなることが期待されています。

　スポーツインフラの産業化については「2　わが国のスポーツビジネスのビジョン」で紹介するスポーツ庁と経済産業省の共催による「スポーツ未来開拓会議」においても重要なテーマとして掲げられ，2016年7月には「スタジアム・アリーナ推進官民連携協議会」が立ち上がり，その会議の概要として，「民間の資金や経営能力，技術的能力を活用した今後のスタジアム・アリーナの在り方について検討を行い，新たなビジネスモデルを開発・推進し，その公共的な価値を最大化させるため，官民が協働して議論を行う」と掲げられた他，「スタジアム・アリーナ整備等ガイドライン策定ワーキンググループ」が有識者により構成されるなど，国を挙げての取り組みが進められています。

（3）スポーツサービス・情報産業

　スポーツサービス・情報産業は，年平均成長率で8%を超える成長を示しており，セグメント別では最大の伸びをみせています（図表1-9）。

　これはスポーツイベント分野の急速な市場拡大が寄与しているものと考えられます。スポーツイベントの市場集計方法の変更により，2010年度と2013年度の数値を厳密に比較することはできませんが，3年間で3〜4倍程度に成長していることを考慮すると，今後もさらに市場をけん引する分野で

図表1-9 市場規模の内訳の推移：スポーツサービス・情報産業

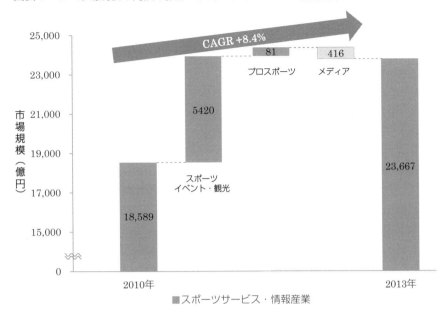

出所：経済産業省「平成25年度我が国経済社会の情報化・サービス化に係る基礎基盤整備」を
参考に筆者算定。

あると考えられます。この背景として，全国各地で開催されている大規模マ
ラソン大会など，市民が参加できるスポーツイベントが近年増加しているこ
とが挙げられます。

　一方で，スマートフォンの普及等によって人々の間でますますインター
ネットが身近になる一方で，スポーツに関する新聞や雑誌書籍，テレビ等は
市場の縮小が続いており，メディア業界はコンテンツの提供方法やユーザー
への課金方法について大きな変革の時代を迎えているといえるでしょう。

Column　スポーツマネジメントと大学

　日本の大学におけるスポーツでまず思い浮かぶのは野球，サッカー，ラグビー，駅伝などの「体育会」による課外活動かもしれません。その一方で，近年，スポーツを学問として学ぶスポーツ関連の新しい学科や学部を設置する大学が増加しています。特に，体育系学部での動作解析やコーチングといった従来の体育教育ではなく，経営学に近いスポーツマネジメント関連の学部・学科の増加が目立ちます。これはスポーツが一大産業となり，スポーツマネジメントの専門知識をもつ人材育成のニーズに対応したものといえるでしょう。加えて，18歳人口の減少に伴い大学経営が厳しさを増す中，スポーツという魅力あるワードを学生確保に繋げたい大学の思惑もあるのかもしれません。

　従来，日本の大学に置かれていたのは教員養成のための体育学科でした。及川・平田（2008）によると，学部・学科名に「スポーツ」および「ビジネスまたはマネジメント」を含む学部・学科がわが国で最初に登場したのは，1993年の順天堂大学スポーツ健康科学部スポーツマネジメント学科です。2003年には日本で初めてスポーツを大学名称に冠したびわこスポーツ成蹊大学が開学しました。及川・平田（2008）は，「1987年から2007年までの20年間で体育・スポーツ系の教育カリキュラムは拡大・多様化し，学科，コース数は2.75倍」となったことを挙げ，その要因としてスポーツビジネス・マネジメント系学科の増大を指摘しています。

　松岡（2008）は2007年度のスポーツマネジメントまたはスポーツビジネスを名称に付した学部，学科，コース・分野・専攻等（以下，「スポーツマネジメント学部等」）の設置状況を「スポーツマネジメント，ビジネス関連のプログラムを保有する大学一覧」にて整理しています。これに倣い，スポーツ産業学会の「スポーツ関連大学の入試情報一覧（2014年度）」から，スポーツおよび，マネジメント，ビジネス，経営のいずれかの語が学部，学科，コース・分野・専攻等の名称に含まれる大学を抽出したところ，全国で60もの大学が該当しました。さらに5年後の「スポーツ関連大学の入試情報一覧（2019年度）」でも62の大学が該当し，一時的なブームではないことがわかります。なお，学部名等にこれらの語は含まれませんがスポーツビジネスを学べる大学も多数あります が，網羅的に

調査することが難しいため，今回の調査では対象外としました。

　これらの学部・学科等の入試案内やホームページを閲覧すると，スポーツマネジメント学部等の教育目的として掲げられているのは，主に経営学とスポーツの専門知識を授け，スポーツ関連の幅広い分野で活躍するビジネスパーソンを育成することであることがわかります。卒業後の活躍の場として想定されるのは民間企業，総合型地域スポーツクラブやスポーツ施設，競技団体，スポーツチーム・クラブ等です。

　重点分野は大学によって異なります。まず，学科等の所属学部に注目すると，経営学部・経済学部（国際経営学部や経営情報学部等を含む）に置かれるケースが最も多く，次いで人間科学部等「人間」が含まれる学部，健康科学部等「健康」が含まれる学部，体育学部などが続きます。どの学部に所属するかにより学べる内容の傾向（ビジネス分野中心か，健康福祉分野中心か，教育分野中心か等）や，教員の専門分野，カリキュラム等をある程度推測可能ですが，詳細は各大学のホームページや各種情報誌を確認する必要があります。一言でスポーツマネジメントと言っても，その講義内容は大学によってさまざまです。

　進学に際しては就職先や就職率も考慮すべき点の１つでしょう。大学進学ガイド等の公表データでは最も詳しい場合でも上位の就職先名の公表に留まりますので，オープンキャンパスや進学相談等の機会を捉え，OB・OG の活躍事例を問い合わせるのもよいかもしれません。

　今回の調査は大学を対象としましたが，スポーツビジネスを学べる場の選択肢は確実に広がっています。興味のある方は情報を集め，自分のニーズに相応しい教育機関を探してみてはいかがでしょうか。

2

わが国のスポーツビジネスのビジョン

▶ 1. スポーツ行政改革

　従来，わが国のスポーツ行政は，複数の省庁が管轄し，それぞれの施策を推進してきました（図表2-1）。

　しかし，近年，スポーツ行政は，多様化するスポーツのあり方に対応して新たな枠組みをもつ必要に迫られました。そこで，2015年10月にスポーツに関する施策を総合的に推進することを目的に，文部科学省の外局としてスポーツ庁が発足し，スポーツ行政改革の第一歩が踏み出されました。スポーツ庁は，「スポーツの振興」「子どもの体力向上」「生涯スポーツ」「競技スポー

図表2-1　主なスポーツ関係府省庁及び施策（2014年3月時点）

府省庁	施策
文部科学省	全般的なスポーツの振興，スポーツ基本計画の推進など
厚生労働省	生活習慣病対策としての国民健康づくり，障害者及び高齢者のスポーツ活動の振興など
外務省	スポーツを通じた国際交流など
経済産業省	フィットネス産業やスポーツ用品業なども含めたサービス産業支援など
国土交通省	都市公園等の整備・管理など
観光庁	スポーツツーリズムの推進など
環境省	自然公園等の施設設備など
内閣府	体力・スポーツに関する世論調査など

出所：新日本有限責任監査法人「スポーツ庁の在り方に関する調査研究事業」（2014年3月文部科学省への報告資料）より抜粋。

ツ」の政策を横断的に取り組むことになり，独立行政法人日本スポーツ振興センターも所管します。

　スポーツ庁では審議会を設け，さまざまな議論が行われており，その議事要旨・議事録・配布資料はホームページでも公表されています。その中には，興味深い情報が多く含まれており，例えば審議会の1つであるスポーツ審議会の資料の1つには，わが国が経済規模に対してスポーツ行政に十分な資金を投資してきたとはいえないことを示すデータもあります（図表2-2）。

　今後，スポーツ庁を中心として，スポーツの発展のために官民一体となったさまざまな施策が促進されることになります。それらを通じて，これまで眠っていたスポーツビジネスのチャンスが掘り起こされていくことが期待されています。

図表2-2　スポーツ関係政府予算（諸外国との比較）

		スポーツ担当省のスポーツ関係予算額		GDP額（自国通貨）	スポーツ関係予算のGDPに占める割合	スポーツ関係予算の対GDP比について，日本を1.0とした時の水準
		円換算	自国通貨			
日本	(2015)	237億1,981万円	237億1,981万円	534兆4,250億円	0.004%	1.00
イギリス	(2012)	1,896億2,000万円	14億9,945万ポンド	1兆5,063億ポンド	0.099%	24.62
フランス	(2012)	262億2,400万円	2億5,554万ユーロ	2兆0,468億ユーロ	0.012%	3.18
アメリカ	(2013)	―	―	15兆7,102億ドル	―	―
カナダ	(2012)	244億2,700万円	3億0,606万加ドル	1兆6,615億加ドル	0.018%	4.26
オーストラリア	(2012)	32億3,700万円	3,917万豪ドル	1兆5,087億豪ドル	0.003%	0.67
韓国	(2012)	110億2,300万円	1,560億ウォン	1,341兆9,664億ウォン	0.012%	3.03

出所：スポーツ庁「スポーツ審議会配布資料」より。
※なお，日本の2020年度のスポーツ庁の予算は351億円である。

　スポーツビジネスの健全な発展を考察するにあたって，本書が特に注目したのは，スポーツ庁と経済産業省が共同して開催した審議会の1つ「スポーツ未来開拓会議」です。「スポーツ未来開拓会議」では，スポーツビジネスに携わる実務家を中心に各界の有識者が集まり，長期的な成長を見据えた議論を行い，わが国のスポーツビジネスにおける戦略的な取り組みを進めるための基本方針を策定しました。

　その中でも，2016年6月にスポーツ未来開拓会議から公表された『中間報告～スポーツ産業ビジョンの策定に向けて～』（以下，「中間報告」）は，スポーツ界が官民挙げて取り組もうとする，4つの基本的な考え方と3つの課題を掲げ，その後のスポーツ政策の基軸となりました。そこで，以降では中間報告を基にスポーツビジネスにおける現在の動向を紹介します。

▶ 2. 4つの基本的な考え方と3つの課題

　スポーツ未来開拓会議では，政策の現場でなじみのある「スポーツ産業」という用語を使用していたことから，以下ではそちらの用語を用います。

(1) 4つの基本的な考え方

　議論のスタートの大前提として，今をまさにスポーツを産業として振興する絶好の機会と捉え，スポーツ産業を活性化させ，わが国の経済成長の1つのドライバーにすることを掲げています。わが国の経済は成熟化が進み，近年の成長曲線は一定の水準で安定化しており，新たな成長ドライバーを必要としています。そこで，政府は，欧米諸国がいち早くスポーツを有望産業と捉えて投資を加速させて巨大な産業を築いてきたように，わが国でもスポーツ産業の秘めた可能性に注目しているのです。

● 「すべての国民のライフスタイルを豊かにするスポーツ産業へ」
　第一に，中間報告の基本的な考え方として，長期的成長のためには国民の

ライフスタイルに根付く必要があることから，国民のライフスタイルを豊かにするスポーツ産業であることを謳っています。すなわち，単なる経済的な利益を追求するのではなく，スポーツを通じて社会を（精神的にも）豊かにするシステムの構築の必要性を挙げています。そこでは，スポーツを単に観たりプレーしたりするための物質的な「モノ」として捉えるのではなく，五感を通じて高揚感や満足感などの感覚的な付加価値を体験する「コト」，すなわちカスタマー・エクスペリエンスを重視しています。

- 「「負担（コストセンター）」から「収益（プロフィットセンター）」へ」

　第二に，従来，スポーツは企業の宣伝広告の一部と考えられていたり，国や地方自治体が税金を費やして施設等を維持したり，各種スポーツ団体に寄附金を提供したりするように，お金が出ていく領域（コストセンター）とみなされていた面が強かったといえます。そこで，中間報告では，スポーツから利益を生み出すことができるプロフィットセンターに移行する考え方を示しています。それによって，スポーツで利益を獲得し，その利益をスポーツに再投資してさらに利益を獲得するという自律的好循環を生み出すことを目指しています。

- 「スポーツ産業の潜在成長力の顕在化，わが国基幹産業化へ」

　第三に，スポーツ産業の潜在的な成長力を認識し，顕在化することで，わが国の基幹産業の1つにまで成長させる考え方を示しています。これは，単にスポーツ産業だけを視野に入れて施策を行っていくのではなく，スポーツをコアとしつつ，その周辺産業にまで幅広く波及効果を及ぼすような産業に，スポーツ産業を成長させたいという姿勢が表れています。

- 「スポーツを通じて社会を豊かにし，子どもの夢を形にするビジョンを提示」

　最後に，1つ目の基本方針にも通じますが，より長期的な成長のためにも，ビジョンを提示することの必要性を再確認しています。議論の中でスポーツ

庁をはじめとした施策が推進力をもつために，ビジョンの重要性が指摘されたことが反映されています。

（2）スポーツ産業の成長産業化に向けた数値目標（KPI）

　3つの課題に進む前に，中間報告ではいくつかの数値情報に言及されています。(1)で示された基本的な考え方は，概念的なものですが，それらが順調に現実社会に浸透し，実現しているかを観測するためには，何らかの数値目標が必要になります。一般ビジネスの世界では数値目標（Key Performance Indicator，以下，KPI）が設定されていることが多いですが，ここでは，中間報告で言及されている数値から，スポーツ市場規模について紹介します。

　中間報告が用いたスポーツ市場の試算は，株式会社日本政策投資銀行が『スポーツ白書2006』（笹川スポーツ財団，2006）の数値を参考に試算した，2012年の数値をもとにしています。そのため，本書が近年のトレンド分析をするために算出した前述の数値とは，計算の前提や区分が異なります。しかし，教育や公営ギャンブルを除いた点など共通点も多く，2012年の5.5兆円という規模感は本書の計算結果とも概ね整合しています。

　中間報告では，今後，それぞれの区分ごとにさまざまな改革を進めることで，2025年までに15.2兆円まで急成長させることを目指しています。図表2-3は成長の内訳を示しています。

　スポーツ市場をこれ程までの規模に急成長させるためには，スタジアム・アリーナへの投資，スポーツ観戦（アマチュア，プロ），周辺産業，IoT活用による新規ビジネスの創出，スポーツ用品等に対する需要をそれぞれ拡大させることが必要になります。

　例えば，スポーツ観戦では，家計調査における2人以上の世帯の年間支出をみると，平均値は年間667円となっていますが，都道府県庁所在地のうち上位20％だけでみると1,416円ですので，地域スポーツ観戦の底上げを図ることで全国平均が2倍超になります。また，アメリカでは4大プロスポーツ

図表 2-3　スポーツ市場規模の拡大についての試算

（単位：兆円）

分野	2012 年	2020 年	2025 年
スタジアム・アリーナ	2.1	3.0	3.8
アマチュアスポーツ	-	0.1	0.3
プロスポーツ	0.3	0.7	1.1
周辺産業	1.4	3.7	4.9
IoT 活用	-	0.5	1.1
スポーツ用品等	1.7	2.9	3.9
スポーツ市場規模合計	5.5	10.9	15.2

出所：スポーツ未来開拓会議「中間報告—スポーツ産業ビジョンの策定に向けて—」より抜粋・編集。

に対して 3 割程度の大学スポーツ市場があることから，わが国でも，活性化の取り組みによってプロスポーツに対して 3 割程度の大学スポーツ市場が誕生する可能性を見込んでいます。

　また，周辺産業の 1 つである観光産業に関連し，政府は訪日外国人旅行客の目標を 2020 年に 4,000 万人，2030 年に 6,000 万人へと引き上げたことに加えて，モノからコトへと観光の目的がシフトすることに伴い，スポーツ観戦やスキー，ゴルフ等の実施を目的とした観光の比率が全体の 1 割程度に上昇することを見込みます。

　スポーツ用品では，スポーツ実施率という KPI にも言及されています。スポーツ実施率とは，成人の週 1 回以上運動・スポーツを行う人の割合のことで，文部科学省が世論調査の結果に基づいて公表しています（図表 2-4）。文部科学省はこれを将来 65％まで上昇させたいと考えています。

　スポーツ参加人口を伸ばすことは，国民の健康促進や医療費負担の軽減というスポーツ・ヘルスケアの観点だけでなく，スポーツビジネス全体の成長にも大きな効果をもたらします。そこで，子どもから高齢者まで，家族や地域社会においてスポーツを楽しめる環境を，最先端技術や人材を活用して整える必要があります。また，スポーツ医・科学等の科学的な根拠に基づいた効果的なプログラムによって動機づけを強めること，多忙なビジネスパーソ

図表2-4　スポーツ実施率の推移

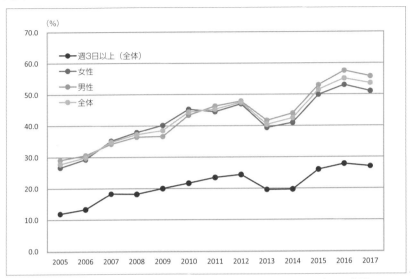

出所：「『令和元年度スポーツの実施状況等に関する世論調査』結果の概要」より集計。

ンでも気軽にスポーツに取り組める習慣づくり，運動部活動の工夫・改善指導，障がい者スポーツの促進など，多方面に及ぶ取り組みが考えられます。

(3) 3つの課題

　上記の基本的な考えを踏まえて，中間報告は3つの課題を掲げています。

課題①　スタジアム・アリーナ改革

　わが国のスポーツ施設は，これまで政治主導で整備され，国や地方自治体の税金や補助金によって維持・運営されているのが大半です。そのため，観戦者の視点や収益を獲得するための工夫という観点が乏しく，赤字経営が続いています。したがって，負担（コストセンター）から収益（プロフィットセンター）へという基本的な考え方が最もわかりやすく反映される領域ともいえます。ここでは，スポーツ施設を，単なるスポーツ会場からエンターテ

インメント性を盛り込んだスタジアム・アリーナへシフトしていくことが鍵になります。

　また，スタジアムという大きな装置を核に，周辺地域の街づくりを進めるスマート・ベニュー®*は新しい取り組みとして大きな関心を集めています。多額な資金を要するため官民の連携が要求されますが，それだけ成功したときの効果が期待できることも大きな特徴です。

課題②　スポーツ・コンテンツホルダーの経営力強化
　　　　（新ビジネス創出の促進・人材育成）

　スポーツの普及に取り組み，各種の組織の運営や大会を開催しているのは，大小さまざまなスポーツ団体です。特に，公益財団法人日本陸上競技連盟，公益財団法人日本サッカー協会などの中央競技団体は，ルールの整備から普及活動，プロ，アマを含めた選手の強化・育成，試合および各種リーグの運営に係る中心的な役割を果たすことが多く，体制や取り組みのより一層の充実が求められます。スポーツ・コンテンツホルダー自身が，ビジネス手法を積極的に取り入れて，高校・大学などのアマチュアスポーツを含めて，スポーツをこれまで以上に魅力的なコンテンツとする取り組みが求められます。

　さらには，スポーツの価値がスポーツの高潔性（スポーツ・インテグリティ）に支えられていることから，スポーツ・コンテンツホルダーの透明性の確保は大前提に位置づけるべきであり，適切なガバナンスの構築などの経営力が問われることになります。今後，収益拡大を目指すにあたっては，より多額の資金が投資され，ステークホルダーも増加し，社会的な注目度も高まります。例えば放映権などの権利ビジネスが，わが国で積極的に行われようとしています。その中で，スポーツの価値そのものが損なわれれば，スポーツビジネスはその吸引力を失います。したがって，スポーツ・コンテンツホルダーの透明性を確保することは必須事項です。

＊「スマート・ベニュー」は株式会社日本政策投資銀行の登録商標（商標登録第5665393号）です。

　そして，スポーツ産業においてもその例に漏れず，改革の鍵となるのは人材です。今最も必要とされているは，これまでいわば聖域とされていた面もあるスポーツ界の特性を理解しつつ，組織運営やファイナンスやマーケティングなど，ビジネスの知識と経験を活用できる人材，すなわちスポーツ経営人材です。人材確保の1つの方法として，既に民間のビジネス界で活躍している人材をスポーツ界が必要としているニーズとマッチングさせることが挙げられます。その中には，弁護士，公認会計士，プロ経営者，コンサルタントなど，積極的な専門家の活用も含まれるでしょう。

　また，アスリートへの教育体制の充実も謳われています。スポーツというコンテンツにおいて最も重要な要素の1つがアスリートであることはいうまでもありませんが，そのアスリートが競技に安心して専念できる環境が必要です。しかし，トップ・アスリートとしていられる期間は長い生涯の一部でしかありません。そこで，学生アスリートなども対象に含め，早い段階から「人としてのキャリア形成」と「アスリートとしてのキャリア形成」の両方を同時に取り組むデュアルキャリア・プログラムの実施・普及に取り組む必要があります。また，従来からアスリートを引退した後のキャリア，いわゆるアスリートのセカンドキャリアの選択肢の充実が求められます。その中で，そのスポーツを熟知したアスリート自身がスポーツ経営人材となってスポーツ・コンテンツホルダーに参画することも歓迎されるでしょう。

　そして，スポーツビジネスが発展する程，さまざまな誘惑やプレッシャーがアスリートを取り囲みます。残念なことですが，アスリートが関与した不祥事が世間をにぎわせているのも事実です。そのため，アスリート，そしてスポーツビジネスにかかわる人材へのコンプライアンス教育の重要性はいうまでもありません。近年では，スポーツの高潔性を掲げるスポーツ・デューデリジェンスという概念が世界中で広まり始めています。

課題③　スポーツ分野の産業競争力強化

　スポーツビジネスはスポーツというコンテンツをコアに，他のビジネスと

連携することで発展することができ，その可能性は限りがありません。近年
では，スポーツと健康，飲食，観光，ファッションなどの融合に加えて，Ｉ
Ｔ企業やコンサルティング企業，ベンチャー企業なども参入し，スポーツ産
業を活性化させています。

　例えば，わが国のスポーツ資源を活用した，スポーツのための観光（スポー
ツ・ツーリズム）にも大きな期待が寄せられています。また，スポーツをす
るときや見る際に，ウェアラブルな最新テクノロジーを身につけることでス
ポーツの楽しさを拡充することが可能になりますし，ＩＴを駆使すれば，デー
タを活用したスポーツ・アナリティクスや，新しいスポーツメディアコンテ
ンツを生み出すことができます。さらには，上述のように，ヘルスケアと融
合することで，スポーツ・ヘルスケアを促進していくことも挙げられます。

▶ 3. スポーツイベントの経済効果

　最後に，スポーツイベントがもたらす経済効果を紹介します。ここでは，
EY（アーンスト・アンド・ヤング）のメンバーファームである EY United
Kingdom（以下，EY UK）が算出した，2015 年にイギリスで開催されたラ
グビー W杯 2015 を例にして解説します。

　EY UK の算出結果によると，ラグビー W杯 2015 の総産出額は最大 22 億
ポンド（約 3,520 億円（160 円 / ポンドで計算。以下同じ））となり，ＧＤＰ
を 9 億 8,200 万ポンド（約 1,571 億円）押し上げます（図表 2−5）。

　1987 年から始まったラグビー W杯ですが，1 ヵ月以上に亘る大会期間中
に 200 万人以上の観客を集めることができ，単独競技のスポーツ大会として
は，近年では 300 万人を超える観客数を誇るサッカー W杯に次ぐ集客力を
もっている世界的なメガスポーツイベントといえます。そのため，開催地に
は大きな経済利益がもたらされるとともに，大会後にも寄与するレガシーが
残ります。目にみえるインフラの整備等だけでなく，観光地としての知名度
アップや住民の一体感の高まり，ラグビー人口の増加など，目にみえないと

図表 2−5　ラグビー W 杯 2015 の経済効果

出所：EY United Kingdom.

図表 2−6　ラグビー W 杯 2015 の総産出額の内訳

	直接効果	間接効果	波及効果
大会前の準備段階	インフラ開発およびスタジアム整備（8,500万ポンド）	サプライチェーン全体を通じた需要拡大（7億6,900万ポンド）	雇用増加による消費拡大（3億9,500万ポンド）
大会期間中	海外からの観客のチケット売上（6,800万ポンド）		
	海外からの観客のスタジアム，ファンゾーンでの売上（1,800万ポンド）		
	海外からの観客による周辺消費の増加（交通費，飲食，宿泊，観光等）（8億6,900万ポンド）		

出所：EY United Kingdom.

ころにまでその効果は及びます。今回の EY UK の試算ではこのような潜在的な利益は数値化していませんが，開催地が得る経済成長の機会は多種多様であるといえるでしょう。

　EY UK では，大会開催前の準備段階および大会期間中の直接効果，間接効果，波及効果からアプローチし，大会の経済効果を算定しています。大会準備開始前も，開催が決定した以降はラグビーへの意識が高まり，既に経済効果が始まったともいえますが，そのような心理的な効果から来る経済効果を数値化することは難しく，試算には含めていません。

　一方，大会開催前の準備段階として，インフラ開発とスタジアムの改修を含めています。これには，スタジアムの各種システムのアップグレードや収容人数拡大，トレーニング施設やチームの宿泊施設への投資も含まれます。さらに，鉄道駅や道路の改修工事など交通機関への投資も行われます。イギリスのような先進国では限定的かもしれませんが，発展途上国では水道，電気，インターネット環境等の各種インフラの拡充もこれに加わることでしょう。

　大会期間中には，チケット売上やスタジアムでの飲食等の売上に加えて，開催地まで来る交通機関の利用料や宿泊代および飲食代，さらには付随的な観光による経済効果が加わります。ここで，留意しなければならないのは，ここで計算している経済効果は，大会によって追加的に創出された生産量（支出額と同額）であり，追加的生産量が経済全体に与える粗付加価値額（GVA）であるということです（ほぼ同額 GDP を押し上げます）。その場合，イギリス国内の観客によるこうした行為による消費は，他の消費の代替行為とみなされるため（すなわち，イギリス国民が大会の観戦に支出を行った場合，イギリス国内の別の消費が抑制されるため，その効果は相殺されるとみなすため），追加的に創出された生産量には含めるべきではないのです。したがって，ここで集計されるのは海外の観客による支出額とそれに基づく GVA が集計されます。これには出身地域別の 1 日当たりの平均支出額なども踏まえて算出されることになります。

　こうした直接効果に加えて，経済のサプライチェーンを通じて生産高が増

加する間接効果，雇用創出による支出が経済生産へ与える影響としての波及効果を加えることで，経済効果が算定されます。図表2-6がその算定結果の内訳となります。

　この算定方法に倣って，2019年にわが国で開催されたラグビーW杯2019の経済効果を，日本国内のEYグループファームの1つであるEY総合研究所（当時）が2015年に約4,200億円と予測しました（図表2-7）。大会終了後，ラグビーワールドカップ2019組織委員会は，「ラグビーワールドカップ2019日本大会　開催後経済効果分析レポート」を公開しましたが，その結果は予想を大きく上回り，これまでのラグビーW杯で最大となる6,464億円でした（図表2-8）。事前の経済効果の予測には，大会の開催方式や経済環境等さまざまな仮定が置かれており，前提が異なるものを単純に比較することは適切ではないかもしれませんが，本大会がいかに成功を収めたかを示しています。

図表2-7　ラグビーW杯2019の経済効果（予測）

出所：EY総合研究所（当時）算出。

　こうした経済効果を金額でみると，1つのスポーツイベントがもたらす影響の大きさに驚きます。さらにスポーツビジネスという広い観点からいえば，国内でのラグビーへの関心の高まりや，イベントに向けた高揚感による消費の促進なども考えられ，新たなビジネスチャンスが創出されることが期待できます。

　こうした経済効果の算定は，さまざまな過去の実績データ等に基づいた仮定やノウハウを必要とします。しかし，これらを用いれば，メガスポーツイベントだけでなく，大小さまざまなスポーツイベントを開催することでの経済効果，プロスポーツチームの勧誘による経済効果，大会の事前合宿誘致による経済効果など，スポーツビジネスに取り組む企業や地方自治体等が意思決定する際に有用な情報を提供することが可能です。今後，スポーツビジネスの成長が進めば，こうしたデータやノウハウも蓄積され，さらに精度の高い数値が算出され，活用されるようになるでしょう。

図表 2−8　ラグビー W杯 2019 の経済効果（実際）

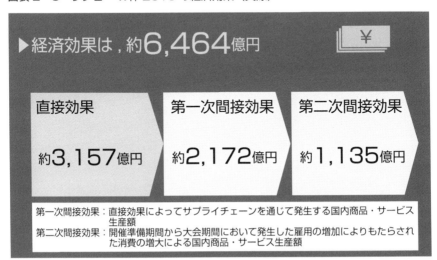

出所：「ラグビーワールドカップ 2019 日本大会　開催後経済効果分析レポート」より筆者作成。

■参考文献

江戸川大学スポーツビジネス研究所(2007)『スポーツ BIZ. ガイドブック 07-08』日経 BP コンサルティング

及川征美・平田竹男（2008）「日本の大学におけるスポーツ産業学の取り扱いの変遷と今後—体育・武道・スポーツを名称に含む大学・学部・学科・コースの変遷—」『スポーツ産業学研究』Vol.18, No.1，日本スポーツ産業学会

経済産業省（2014）「平成 25 年度我が国経済社会の情報化・サービス化に係る基礎基盤整備」

公益財団法人笹川スポーツ財団（2011）「スポーツ政策調査研究報告書」

佐野昌行・黒田次郎・遠藤利文（2014）『図表で見るスポーツビジネス』叢文社

通商産業省産業政策局編（1990）『スポーツビジョン 21—スポーツ産業研究会報告書』通商産業調査会

内閣府（2015）「東京オリンピック・パラリンピックに関する世論調査（平成 27 年 6 月調査）」

西野努・藤原兼蔵・三浦太（2014）『プロスポーツ・ビジネス羅針盤』税務経理協会

日本スポーツ産業学会（2014）「スポーツ関連大学の入試情報一覧（2014 年度）」『スポーツ産業学研究』Vol.24, No.2

原田宗彦編著（2015）『スポーツ産業論（第 6 版）』杏林書院

松岡宏高（2008）「日本の大学におけるスポーツマネジメント教育の現状と課題」『びわこ成蹊スポーツ大学研究紀要』5 号，びわこ成蹊スポーツ大学

文部科学省（各年）「体力・スポーツに関する世論調査」（平成 24 年度まで）

アディダスジャパン ホームページ

関東財務局 ホームページ

経済産業省 ホームページ

公益財団法人日本生産性本部 ホームページ

公益社団法人スポーツ健康産業団体連合会 ホームページ

新日本有限責任監査法人 ホームページ

スポーツ庁 ホームページ

総務省 ホームページ

ナイキ ホームページ

日本スポーツ振興センター ホームページ

日本スポーツマネジメント学会 ホームページ

日本野球機構 ホームページ

FootballGEIST ホームページ

文部科学省 ホームページ

早稲田大学 デジタルキャンパスコンソーシアム ホームページ

第Ⅱ部
企業とスポーツ

　スポーツはビジネスの観点からも魅力的なコンテンツです。そこで，企業はそのコンテンツを活用して自社の企業価値を高める手段を，より積極的に模索しています。かつては，企業のスポーツといえば実業団スポーツを真っ先に思い浮かべましたが，近年では，こうしたスポーツというコンテンツの活用法が広範囲に拡大しています。そこで，第Ⅱ部の前半では，企業のスポーツ活用法として，スポーツ・アクティベーションおよびスポーツ・ブランディングを紹介します。また，近年企業は数値的な利益追求だけではなく，より長期的な社会貢献が重視されています。そうした動向の中で，スポーツがどのように位置づけられるのか考察します。

　一方で，スポーツビジネスには，スポーツの特殊性がもたらすビジネスリスクがあります。過去にも，華々しいスポーツビジネスの興隆の裏で，スポーツにまつわる不祥事というネガティブなニュースがあったことも事実です。今日，ビジネス界において重要視されているのが適切なガバナンスの構築です。過去の事例が示すとおり，企業のガバナンス機能が十分に発揮されず，不正が生じた場合，もしくは経営が混乱した場合に企業が被る損害は甚大です。そこで，企業は法令順守・不正防止の強化と競争力・収益力の向上という2つの視点を総合的に捉えて取り組むことで，長期的な企業価値の増大を実現しようとしています。そこで，第Ⅱ部の後半ではスポーツビジネスにかかわる際に特に注意しなければならないリスクを考察し，それに対応すべく，ガバナンス，危機管理，コンプライアンスといった概念について解説します。

3
企業のスポーツ活用

▶ 1. スポーツ・アクティベーション

　近年，これまでスポーツにかかわってこなかった企業もスポーツビジネスに関心を持つようになりました。そのような企業の多くが「そもそもスポーツにかかわるにはどうしたらいいのか」「どのような選択肢があるのか」「どこに相談したらいいのか」というような共通の悩みを抱えており，そのようなコンサルティングのニーズが高まっています。

　そこで，ここでは既存の企業が，スポーツというコンテンツを活用する際の選択肢を紹介します。また，最近注目されるようになった「アクティベーション」という言葉について取り上げていきます。

(1) 企業がスポーツを活用する際の選択肢
選択肢① チームをもつ（立ち上げる）

　企業がスポーツに参入すると聞いたときに，まず思い浮かべるのは自らスポーツチームをもつことかもしれません。

　例えば，新規に陸上部を立ち上げる企業が増えています。ルートインホテルズ（2013 年 4 月），日本郵政グループ（2014 年 4 月），株式会社ニトリホールディングス（2015 年 4 月），GMO インターネット株式会社（2016 年 4 月）がその一例です。共通するのは，いずれもマラソン（もしくは長距離）・駅伝選手達のみで構成されているということです。さらに，4 チーム中 3 チームは女子チームです。日本におけるマラソン・駅伝の人気は高く，4 年に 1 度のオリンピックの選考会となるマラソン大会や，箱根駅伝をはじめとした

図表 3−1　主な年間費用の例

遠征費	大会・合宿時の旅費交通費，食費
健康管理費	鍼灸マッサージ，トレーナー帯同，治療器リース
被服費	ウェア，シューズ，バッグ等
車両代	チーム用の車
施設利用料	練習場，トレーニングジム等
その他	備品，消耗品，旅行保険，外部コーチ講師招聘，接待交際費等

年末年始の駅伝大会などには注目が集まります。企業にとっては一般市民にも広く親しまれているマラソン・駅伝のチームをもつことは比較的イメージがしやすく，企業の露出を図ることができます。

　一方，スポーツチームをもとう（立ち上げよう）としたときに気になるのはコストです。駅伝部を立ち上げようとすれば，初期費用として練習場所の確保はもちろん，寮の手配も必要です。また，最低10名程度の選手，監督・コーチ・マネージャー・管理栄養士等の人件費，トレーナー・ドクター・アナリスト（科学的スタッフ）等への謝金も発生します。年間の活動費は駅伝部であれば1億円未満で済む例が多いですが，バスケットボールやバレーボールのような球技になればトップリーグでプレーする実業団チームは3〜5億円の活動費がかかることも多いです（図表3−1）。

　夏季オリンピックだけで，実に28競技306種目（2016年リオデジャネイロ大会）あるのですから，どのような競技だと初期費用・年間費用はそれぞれいくらかかるのか，TVやインターネットでの露出量はどうか，日本人選手が活躍できるのか，など幅広い視点での検討が必要です。

選択肢②　チームを買う

　選択肢①で「チームをもつ」の後にあえて「（立ち上げる）」という記載をしたのは，何らかの理由で企業がチームを手放し，それを全く別の企業が買うというケースもあるからです。

　2005年にソフトバンクグループ株式会社が福岡ダイエーホークスを，2012

年に株式会社ディー・エヌ・エーが横浜ベイスターズを買収したのはその実例です。もう少し小さな規模では，例えば2013年4月に発足したDeNA Running Clubは前年8月に年度内での廃部を表明したエスビー食品陸上競技部を受け入れた形で立ち上がりました。また，ビックカメラが所有するビックカメラ女子ソフトボール高崎は2014年10月にルネサスエレクトロニクス株式会社からチームが移管される形で発足しています。このようなケースでは年間活動費こそかかるものの，初期費用はある程度抑えることができます。

選択肢③　選手を雇う

　毎年数億円のコストはかけられないが，数百万～数千万円程度であればスポーツに投資したいという企業には，選手を雇うという選択肢があります。特に個人競技の選手の場合は既に練習場所を出身大学等で確保していたり，メーカー用具等の提供を受けているケースも多く，企業が負担するのは給料の他，遠征費，場合によっては競技成績による出来高（手当・報奨金）で済むこともあります。また，コスト面だけでなく，トップアスリートを採用することで，社内に新たな活力が生まれることも期待されます。公益財団法人日本オリンピック委員会（JOC）では，安心して競技に取り組める環境を望む現役トップアスリートと企業をマッチングする就職支援制度「アスナビ」を運営しています。こちらのサービスは無料で利用できます。

　一方，アスリートの雇用は人事面でやはり特別な扱いとなり，他の社員との待遇の差別化が必要になります。選手の休暇や勤務時間の扱いや，賞与額の判断基準，選手が賞金を獲得した際の取り分の選定など，特別な取り扱いが必要になることもありますので，会計や税務上の取り扱いも含めて事前に検討しておく必要があるでしょう。

選択肢④　選手をスポンサーする

　選択肢③の選手を雇う，では社員としての雇用によって通常の社員とは異なるイレギュラーな対応が人事上も必要になります。そこで，よりシンプル

に出資したければ選手のスポンサーになるという選択肢も考えられます。

　例えば，テニスではトップクラスの選手になると，10社20社という単位でスポンサー契約を結んでいます。大会等ではスポンサーのロゴの入ったウェアを着用し，知名度アップに貢献しています。契約関係ですので，企業にとってはわかりやすいというメリットがあります。

　一方で，競技によっては選手の所属登録を1人1社に限定するなどの制約があることもあります。例えば，マラソンの藤原新氏は現役時代にプロランナーとしてさまざまなスポンサーを集めて話題になりましたが，正式な所属はミキハウスだったため，スポンサー各社のロゴはジャージには掲出できるものの競技ウェアにはつけられず，さらに新聞やインターネットでの表記では「藤原新（ミキハウス）」という露出しかありませんでした。それとは反対に，トライアスロンでは複数の所属表記が認められており，「上田藍（ペリエ・グリーンタワー・ブリヂストン・稲毛インター）」，「佐藤優香（トーシンパートナーズ・ＮＴＴ東日本・ＮＴＴ西日本・チームケンズ）」のような表記がなされています。また，チーム種目の選手に用具やサプリメントの提供などでスポンサー契約を結んでも，露出は限られるケースもあります。選手をスポンサーすることに対しても，あらかじめ入念な準備と調査が必要です。

選択肢⑤　大会をスポンサーする

　「日本生命セ・パ交流戦」（野球），「キリンチャレンジカップ」（サッカー），「楽天オープン」（テニス）など，大会の冠スポンサーとなることは，企業にとって大きな露出を生むこともあります。

　2020年東京オリンピック・パラリンピック大会は今までの1業種1社という原則が緩和され，例えば航空会社では日本航空株式会社と全日本空輸株式会社がともにスポンサーになるなど，これまでのオリンピック・パラリンピック史上最もローカルスポンサー（開催国のスポンサー）がつく大会といわれています。大きな金額を出せる企業にとっては，魅力的な選択肢になります。

なお，選択肢④も同様ですが，長期間に亘るスポンサー契約料の支払いや，企業の製品を現物支給する場合など，会計上の取り扱いが論点になることもありますので，必要に応じて専門家と早めに協議することをお勧めします。

(2) スポーツにおけるアクティベーション

近年，注目されているのが「アクティベーション」という言葉です。この「アクティベーション」とは日本語に訳すと「活性化」「有効化」です。そして，スポーツ大会のスポンサーにとっての「アクティベーション」とはすなわち，「大会スポンサーを通じての権利の活用」ということを指します。

コカ・コーラ社は1928年のアムステルダム大会からオリンピックのスポンサーをしている最古の企業ですが，スポーツのスポンサーをする基準として「スポンサー料として支払う金額の5倍の費用をかけてのアクティベーションができるか」を考えるそうです。例えば1億円のスポンサー料を1つの大会に払うのであれば，それに加えて5億円分の費用をかけてその大会のスポンサーの権利を活かした広告・宣伝活動等を行えるか，ということを目安にします。

コカ・コーラ社の例は最も徹底された例だとしても，アクティベーションという考え方はこれまでオリンピックのスポンサーをしてきたグローバル企業にとっては至極当たり前といえます。すなわち，スポンサーになったことで満足するのではなく，その権利をいかに最大活用するかが肝心なのです。例えばオリンピックスポンサーになれば大会ロゴを活用してさまざまなイベントを公式に開催し，一般市民に企業や商品をアピールすることができます。また，アスリートを社内に招き講演をしてもらうなどしてオリンピックに向けて気運を高め，社内風土を改革することも可能でしょう。

スポンサーになる，というのは資金に余裕のある企業や単に広告効果を期待する企業だけが行うことではありません。スポンサーになることで新たなビジネスチャンスを獲得したり，自社の弱点の改善を目指すなど，さまざまな活動の仕方があります。特にオリンピック・パラリンピックは開催決定か

ら7年間も準備期間がありながら，両大会合わせてわずか1ヵ月程度で終わってしまいます。さらに，大会会場では広告の露出はごく限られた範囲ですから，スポンサーに決まってから開催されるまでの期間をいかに有効活用（＝アクティベート）するかが大切になります。

　既に，例えばBリーグなど多くの現場でスポンサーシップのあり方の議論が進んでおり，アクティベーションという考え方はわが国でも実践され始めています。

▶ 2.　スポーツ・ブランディング

　企業にとってブランディングは，消費者に企業や製品・サービスに対するより良いイメージを抱かせるための重要な経営戦略の1つです。ここでは，スポーツという魅力的なコンテンツを通じて，企業価値を高めること，すなわちスポーツ・ブランディングについて考察します。まずは海外の2つの事例をみてみましょう。

事例1　バークレイズ銀行（英国）

　英国の大手銀行バークレイズは，ゴルフやラグビー，サッカーなど，スポーツの支援を長年に亘って積極的に実施しています。バークレイズはそれらを通じて，社会とのさまざまな繋がりを構築し，社会問題解決に貢献することで，企業のブランド力を高めています。

　バークレイズは，スポーツイベントのスポンサーを単なる広告媒体と位置づけているのではなく，ブランド理念（'helping people achieve their ambitions - in the right way' 直訳すると「人々の夢の実現を正しい道で手助けする」）を実現する方法の1つと位置づけています。その取り組みにおいてユニークな点は，ブランド理念に基づいたスポンサーシップのポートフォリオを発表したことです。ポートフォリオをインターネット上で公開することで，バークレイズはどこにスポンサー投資するのか，しないのか，投

資する際に何を特に注視しているのかが明確に理解できるようになっています。そして，スポンサー担当者のメールアドレスが公開されており，条件に適合すれば誰でもバークレイズにスポンサーの依頼ができるようになっています。応募されたスポンサー依頼は，すべて担当者が目を通しており，彼らの理念を実現しようとする強い意志が伺えます。

　こうした活動を通じて，バークレイズはプレミア・リーグのような巨大なサッカーリーグの支援だけではなく，コミュニティレベルでも彼らの理念を実現できるようなスポーツ支援を展開しています。例えば「walking football」という新しいスタイルのサッカーを支援しています。文字通り「走らないサッカー」であり，高齢のプレーヤーでも楽しめるサッカーのスタイルで，バークレイは「walking football」のチームのためにフェイスブックのページの作成や，動画をインターネット上にアップロードする等の支援を行っています。

　これらのバークレイズの取り組みは，単に知名度を上げるだけでなく，彼らのブランド理念を消費者の間に浸透させることに繋がります。バークレイズをはじめとした金融機関の本質的な機能は，資金を社会の中で循環させて必要なところに回し，社会全体を動かす原動力となることで，人々の活動を手助けすることです。バークレイズのブランド理念は，まさにそれを示しているのであり，それをスポーツという世界で実践することで，消費者に金融機関としてのバークレイズへのブランドイメージを強めているのです。

事例2　レッドブル（豪国）

　今や世界的な人気を誇るエナジードリンクを販売するレッドブル社は，東アジアの機能性飲料にインスパイアされたマテシッツによって創業されました。1987年に発売を開始したレッドブルのエナジードリンクは，これまでに世界中で約500億缶を販売する大ヒット商品です。

　レッドブルが掲げるブランドイメージは「翼をさずける」です。エナジードリンクが人々に活力を与えようとするイメージと，スポーツのアクティブ

なイメージがマッチするところから，レッドブルでは積極的にスポーツを
マーケティングに使用してきました。売上の3分の1をマーケティング費用
に当て，さらにその3分の1をスポーツ・マーケティングに用いていると
いわれています。レッドブルのホームページを閲覧すると，設立間もない
1989年から，既にモータースポーツに参入していることがわかります（1995
年には最高峰のF1に参戦しています）。その他，サッカー，ビーチバレー，
エアレース，BMX，アイスホッケー，スキージャンプなどの競技でスポンサー
になっています。

　レッドブルの取り組みでユニークな点は，多くの企業が広告代理店に頼り
がちな広告宣伝を自社で行う意識が高く，また，ただ単にお金を出資すると
いうだけではなく，「スポーツの一部になる」ことを重視していることです。
それは，さまざまな競技イベントを主催していることにも表れています。以
下，レッドブルのホームページを参照し，レッドブルがこれまで取り組んで
きたユニークな競技イベントを列挙しました。そこには，レッドブルのスポー
ツを通じたブランディングに対する強いこだわりを感じます。これらを通じ
て，消費者にレッドブルの躍動的なイメージをもたらしているのです。

1988年　ドロミテマン（山のランニング，パラグライダー，カヤック，マ
　　　　ウンテンバイクを4種のアスリートがチームを組み走破する競技）

1992年　フラグタグ（自家製人力飛行マシンコンテスト）

1994年　ウィンドサーファーとアスリート契約

1997年　クリフダイビング（飛び込み競技の一種）

2001年　クラッシュドアイス（氷上でスケート靴を履いてジャンプやター
　　　　ンをしながら競うレース）

2001年　Xファイター（バイクでジャンプを競う競技）

2002年　Xアルプス（過酷な自然に挑むアドベンチャーレースの一種）

2006年　ペーパーウィング（紙飛行機の飛行距離，時間，アクロバティッ
　　　　クを競う）

図表3-2　スポーツ・ブランディングのポイント

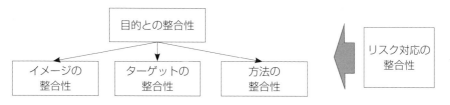

　上記の2つの事例を通じて，スポーツを企業のブランディングに活用するにあたって考慮すべき5つのポイントがみえてきます（図表3-2）。

（1）目的との整合性

　ブランディングのスタートとして，それによって何を達成したいかという目的を明確にする必要があります。消費者がもつ企業のイメージを変えたい，新製品の消費者のイメージを新しく創り出したいなど，その目的はさまざまです。まず目的を明確にすることが，その後の適切な意思決定を可能にします。それによって，その目的を果たすための対価はどれくらいまで許容されるのか，効果を測定する指標は何にすべきか，という定量的な議論から，誰をターゲットにすべきか，そのためには何に投資すべきか，という具体的な方法論の議論まで，より的確に進めることができます。

（2）イメージの整合性

　ブランディングは，消費者に企業や商品・サービス等のイメージをもってもらうことを目的とします。そのため，そのイメージとブランディングに用いるスポーツのイメージが整合しているかを考慮しなければなりません。まず，競技自体のイメージを考える必要があります。スポーツといってもさまざまで，チーム競技か個人競技か，夏向きか冬向きか，動的か静的か，色々な観点から検討し，消費者にもってもらいたいブランドイメージに照らして，そのスポーツが相応しいかを慎重に検討する必要があります。次に，競技そ

のものだけでなく，チームや選手などの情報収集も重要です。ときに競技以上に特定の人気チームや有名選手が消費者に強い影響力をもつ場合もあります。それが，企業が消費者にもってもらいたいブランドイメージと乖離している場合，ブランディングは望んでいたものと異なる結果になってしまうでしょう。

　上述のレッドブルのブランドイメージは「翼をさずける」です。レッドブルが取り組んできたスポーツをもう一度見返してみると，「飛ぶ」スポーツが多いのは偶然でしょうか。

(3) ターゲットの整合性

　ブランディングの目的が決まると，それを行う消費者のターゲットが定まります。そうすると自ずとブランディングに用いるスポーツやイベント等の選択肢が絞られてきます。なぜなら，その競技の愛好者や応援者がブランディングのターゲットに近いほど，ブランディングの効果が大きいからです。例えば，高齢者向けの製品のブランディングをしようとしているときに，若者に認知度が高いスポーツに出資しても効果は期待できません。逆に，年齢にかかわらず世間に広く知らしめたいときは，幅広い世代に人気があり，マスコミが取り上げることの多いスポーツを中心に検討することになります。

　アルコール飲料のメーカーがスポーツイベントにスポンサーとして積極的に参加しているのをよく目にします。キリンビールはサッカーが象徴的です。アサヒビールはＷＢＣをはじめとした野球でおなじみです。熱い，楽しい，みんなで盛り上がる，といったスポーツのイメージと，アルコール飲料のイメージはよく合うだけでなく，スポーツを楽しむ層とビールなどのアルコール飲料を楽しむ層は重なっており，高いブランディング効果が期待できます。ウィスキーに強いサントリーが，長年サントリーレディースオープン（ゴルフ）のスポンサーであるというのも納得です。

(4) 方法の整合性

　ブランディングを実践する際には，その方法について具体的な意思決定が必要です。

　ブランディングは一夜でできるものではなく，より効率よく目的を果たすためには，追加的なコストをかけても経験とノウハウをもつ専門業者（広告代理店，コンサルタント等）に依頼するという考え方もあります。また，専門業者にも特徴があり，どの領域に強いのか等，よく吟味する必要があります。一方で，ミスコミュニケーションなどによって当初の狙いとは異なる結果を招いてしまうかもしれません。メリット，デメリットを見極めて慎重に選定する必要があります。

　また，ブランディングの効果をモニタリングし，ときに軌道修正することも必要です。これには効果を測定する何らかの指標（例えば，市場調査のポイント，好感度等）を設定し，適時にそれを観測する必要があります。使用する指標，どのように，いつ，その情報を収集するのか，決めておく必要があります。さらには，スポンサー契約を締結するのか，広告看板を置くのか，費用は現金で支払うのか，自社の製品等の現物出資で支払うのか（VIK：Value In Kind）等，より具体的なことを決めることになります。当初の目的を果たすために最も効果的な方法を判断することになります。

　バークレイズのポートフォリオの公開，レッドブルのイベント主催など，ユニークな事例は，目的に基づいて方法論をよく吟味した結果といえるでしょう。

(5) リスク対応の整合性

　ブランディングにも思わぬリスクがあります。後述しますが，スポーツビジネスは社会的な注目も高く，レピュテーションリスクが高くなりがちです。ブランディングにおいても，大きな効果が期待できる一方で，逆にイメージダウンとなってしまう可能性もあります。場合によっては，スポーツを愛する人達の反感を買ってしまうかもしれません。例えば，競技のイメージとは

全くマッチしない製品の広告看板を競技場に設置した場合，観戦している人はそれを不快に思うでしょう。また，ブランディングの効果を追求する余り，スポーツの競技運営自体に過剰に介入したり，過剰な演出を求めたりしたことで，ブランドイメージを悪化させてしまったケースも見受けられます。こうしたリスクを適切に識別するためには，想像力が必要です。

また，スポーツによって歴史や価値観は異なり，ユニークな慣習があることも多いです。そうしたスポーツ界の事情に配慮せず，企業のビジネスの論理のみを振りかざせば，思わぬところで反感を買うことになりかねません。特にソーシャルメディアなどの情報伝達の手段が発達した今日では，一度マイナスのイメージが拡散されるとその影響は想像以上に大きくなることもあります。そうしたリスクを十分に考慮した上で，ブランディングを行う必要があります。

例えば，アルコール飲料のメーカーが，ブランディングに格闘系のスポーツを使用しているのはあまり目にしません。その背景には，これらの企業が製品に対して過度にアグレッシブなイメージをもたれてしまうというリスクを識別し，回避しているのではないかと考えられます。

▶ 3. 企業の長期的価値の追求とスポーツ

ここまでの内容は，企業が自社の経済的な利益のためにスポーツを活かすという発想に基づいています。この根幹には長い間世界の発展を支えてきた産業資本主義の考え方があります。つまり，企業はより多くのヒト・カネ・モノを集め，それを資源に生産活動を行って利益を生むことを目的としており，そうした企業が自由に競争することで，新しい製品やサービスが生まれ，世の中を豊かにするというものです。その一方で，企業活動は時に公害や格差拡大などの問題を生み出し，私達の生活を脅かす原因にもなりました。そこで，近年では世の中をいかに持続可能なものにするかというサステナビリティ（Sustainability）という概念が浸透しています。

企業に対する投資に関しても，企業の価値をどれだけの経済的な利益を生み出せるかという財務的な価値だけで測るのではなく，企業が Environment（環境），Social（社会），Governance（統治）にどのように貢献できるかも含めて評価し，投資の意思決定をするという ESG 投資が盛んに行われるようになりました。このように，私達の社会はこれまでの発展を支えてきた産業資本主義からポスト産業資本主義の時代を迎えており，企業は経営戦略の再定義が求められています。

　このとき，企業の羅針盤となる 1 つが，SDGs（Sustainable Development Goals（持続可能な開発目標））です。これは，国連が 2015 年 9 月に開催したサミットにおいて採択した「持続可能な開発のための 2030 アジェンダ宣言」において示された，加盟国が 2030 年までに達成を目指す 17 の目標と 169 の具体的なターゲットのことです。企業が経営資源を活かして，どのように社会の課題解決に貢献できるのかを検討し，投資家をはじめとするステークホルダーに説明することができます。

　この宣言の中では，スポーツが社会の進歩に果たす役割について，次のように述べられています。

　「スポーツもまた，持続可能な開発における重要な鍵となるものである。我々は，スポーツが寛容性と尊厳を促進することによる，開発および平和への寄与，また，健康，教育，社会包摂的目標への貢献と同様，女性や若者，個人やコミュニティの能力強化に寄与することを認識する。」（原文："Sport is also an important enabler of sustainable development. We recognize the growing contribution of sport to the realization of development and peace in its promotion of tolerance and respect and the contributions it makes to the empowerment of women and of young people, individuals and communities as well as to health, education and social inclusion objectives."）

　さらに，国際連合広報センターは 2016 年 3 月に「スポーツと持続可能な開発（SDGs）」をプレスリリースしており，17 の目標とスポーツについて図表 3-3 のようにまとめています。そして，実際に，多くの企業がスポーツを通じて SDGs に取り組んでいます。例えば，アシックスが「サステナビリティレポート 2018」を公開し SDGs に沿った活動を推進するように，スポーツビジネスを営む企業が取り組むケースもあれば，企業がスポーツ振興を支援することで SDGs に貢献するケースもあります。また，スポーツ界自身が SDGs への取り組みを意識的に行う風潮も強まっています。スポーツは人々の関心が高く，象徴的な役割を果たすことができますし，多くの人に訴えかけることができます。こうしたスポーツの力を活かして，企業が SDGs に取り組む事例が増えています。

図表 3-3　「スポーツと持続可能な開発（SDGs）」

	スポーツは，幸せや，経済への参加，生産性，レジリエンスへとつながりうる，移転可能な社会面，雇用面，生活面でのスキルを教えたり，実践したりする手段として用いることができます。
	栄養と農業に関連するスポーツ・プログラムは，飢餓に取り組む食料プログラムや，この問題に関する教育を補完するうえで，適切な要素となりえます。対象者には，持続可能な食料生産やバランスの取れた食生活に取り組むよう，指導を行うことができます。
	運動とスポーツは，アクティブなライフスタイルや精神的な安寧の重要な要素です。非伝染性疾病などのリスク予防に貢献したり，性と生殖その他の健康問題に関する教育ツールとしての役割を果たしたりすることもできます。
	体育とスポーツ活動は，就学年齢児童の正規教育システムにおける就学率や出席率，さらには成績を高めることができます。スポーツを中心とするプログラムは，初等・中等教育以後の学習機会や，職場や社会生活でも応用できるスキルの取得に向けた基盤にもなりえます。

	スポーツを中心とする取り組みやプログラムが，女性と女児に社会進出を可能にする知識やスキルを身に着けさせる潜在的可能性を備えている場合，ジェンダーの平等と，その実現に向けた規範や意識の変革は，スポーツとの関連で進めることもできます。
	スポーツは，水衛生の要件や管理に関するメッセージを発信するための効果的な教育基盤となりえます。スポーツを中心とするプログラムの活動と意図される成果を，水の利用可能性と関連づけることによって，この問題の改善を図ることもできます。
	スポーツのプログラムと活動を，省エネの話し合いと推進の場として利用すれば，エネルギー供給システムと，これに対するアクセスの改善をねらいとする取り組みを支援できます。
	スポーツ産業・事業の生産，労働市場，職業訓練は，女性や障害者などの社会的弱者集団を含め，雇用可能性の向上と雇用増大の機会を提供します。この枠組みにおいて，スポーツはより幅広いコミュニティを動員し，スポーツ関連の経済活動を成長させる動機にもなります。
	レジリエンスと工業化のニーズは，災害後のスポーツ・娯楽用施設の再建など，関連の開発目標の達成をねらいとするスポーツ中心の取り組みによって，一部充足できます。スポーツはこれまで，開発に向けたその他従来型のツールを補完し，開発と平和を推進するための革新的な手段として認識されており，実際にもそのような形で利用されてきました。
	開発途上国におけるスポーツの振興と，スポーツを通じた開発は，途上国間および先進国との格差を縮めることに貢献します。スポーツは，その人気と好意度の高さにより，手を差し伸べることが難しい地域や人々の不平等に取り組むのに適したツールといえます。
	スポーツにおける包摂と，スポーツを通じた包摂は，「開発と平和のためのスポーツ」の主なターゲットのひとつとなっています。気軽に利用できるスポーツ施設やサービスは，この目標の達成に資するだけでなく，他の方面での施策で包摂的かつレジリエントな手法を採用する際のグッドプラクティスの模範例にもなりえます。
	スポーツ用品の生産と提供に持続可能な基準を取り入れれば，その他の産業の消費と生産のパターンで，さらに幅広く持続可能なアプローチを採用することに役立ちます。この目的を有するメッセージやキャンペーンは，スポーツ用品やサービス，イベントを通じて広めることができます。

	観光を伴う大型スポーツ・イベントをはじめとするスポーツ活動やプログラム，イベントでは，環境の持続可能性についての認識と知識を高めることをねらいとした要素を組み入れるとともに，気候課題への積極的な対応を進めることができます。また，被災者の間に絆と一体感を生み出すことで，災害後の復興プロセスを促進することも可能です。
	水上競技など，スポーツ活動と海洋とのつながりを活用すれば，スポーツだけでなく，その他の分野でも，海洋資源の保全と持続可能な利用を提唱できます。
	スポーツは，陸上生態系の保全について教育し，これを提唱する基盤となりえます。屋外スポーツには，陸上生態系の持続可能で環境にやさしい利用を推進するセーフガードや活動，メッセージを取り入れることもできます。
	スポーツは復興後の社会再建や分裂したコミュニティの統合，戦争関連のトラウマからの立ち直りにも役立つことがあります。このようなプロセスでは，スポーツ関連のプログラムやイベントが，社会的に隔絶された集団に手を差し伸べ，交流のためのシナリオを提供することで，相互理解や和解，一体性，平和の文化を推進するためのコミュニケーション基盤の役割を果たすことができます。
	スポーツは，ターゲットを絞った開発目標に現実味を与え，その実現に向けた具体的前進を達成するための効果的手段としての役割を果たします。スポーツ界は，このような活動の遂行その他を通じ，草の根からプロのレベル，また，民間から公共セクターに至るまで，スポーツを持続可能な開発に活用するという共通の目的を持つ多種多様なパートナーやステークホルダーの強力なネットワークを提供できます。

出所：国際連合広報センターウェブサイトより抜粋。

　従前から，企業はこうした取り組みをCSR（Corporate Social Responsibility（企業の社会的責任））の一環で取り組んでいたことが多く，その取り組みをSDGsと紐づけて発展させるケースもあります。ただ，CSRが目的としたのは，社会的な信頼を得ることやブランドイメージの向上等であり，それ自体が直接利益を獲得する行為ではありません。したがって，営利団体である企業がSDGsの取り組みを持続的に行うためには，企業の本業である事業活動の中にSDGsを戦略的に組み込む必要があります。そこで課題となるのが，

SDGs の取り組みの効果をどのように測定し，PDCA サイクルを回していくかということですが，SDGs に関する取り組みはそれ自体が直接的な利益を直ちに生み出すわけではなく，有形の資産を企業にもたらすものでもないため，現行の企業会計基準に基づいて作成される財務諸表では十分に表現できません。そこで，企業活動を再定義する上で，これまでの財務的な価値による評価だけでなく，より多面的で長期的な価値評価に基づくアプローチが模索されています。

例えば，EY では，2016 年から「Embankment Project for Inclusive Capitalism（統合的な目線による新たな資本主義社会の構築に向けた取り組み）」(EPIC)プロジェクトに参画し，LTV：Long-Term Value（長期的価値）フレームワークを策定しました（図表3-4）。ここでは，企業が生み出す価値を消費者価値，人材価値，社会的価値，財務的価値の4つとし，達成する指標を整理し，優先順位やバランスを計ることができます。

ポスト産業資本主義を迎える中で，より多くの企業がスポーツに価値を見出し，これまで以上に熱い視線を送るのではないでしょうか。

図表3-4　EY が提唱する LTV フレームワーク

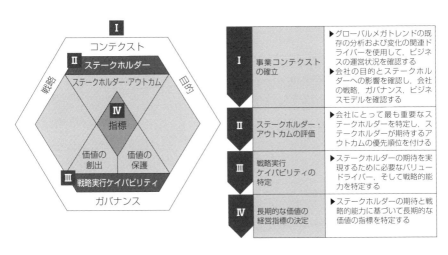

4
リスクへの対応

▶ 1. スポーツの特性

　企業がスポーツを活用する際には，メリットばかりがあるわけではありません。以降ではスポーツビジネスに関与することで生じるリスクやその対処法について解説します。

　まず，スポーツビジネスに関与する前提として，スポーツ自体がもつ特性を理解しておくべきでしょう。すなわち，極めて高い透明性が求められているということです。

　わが国のスポーツは，相撲や蹴鞠，騎射競技などの伝統スポーツと，明治時代以降に欧米諸国から輸入された近代スポーツに大別できます。前者は脈々と受け継がれてきた歴史と文化があり，単なるスポーツ競技ではなく，ときに神聖な意味合いをもつものであることは多くの方が認識していると思います。

　一方で，後者の近代スポーツもまた高い精神性をもっています。近代スポーツの普及は，明治時代以降に主に高等教育機関で行われた課外活動が中心となって進められ，その後，スポーツが国民の精神充実や体力向上に寄与すると考えられると，国家全体での組織的な環境整備が進められました。昭和時代の戦時下では軍事力の充実に向けた体力向上の手段として利用されたこともありましたが，戦後は敗戦によって困窮した国民に勇気と希望を与える役割を負うことになります。教育の場では，スポーツは「体育」として健全な身体と精神を学ぶ大事な手段になりました。さらに私達は，国や地元を代表して活躍する選手やチームに愛国心や郷土愛を重ね，ルールを守り正々堂々

と競い合うスポーツマンシップに感動し，日々ストイックに鍛錬を重ねる選手の姿に感銘を受け，自らの生活の原動力にしています。

　こうした背景から，私達にとってスポーツは単なるエンターテインメントではなく，規律や自己鍛錬を学ぶ教育的手段という側面があり，人々の想いが込められた象徴的な存在という側面もあるといえます。特にわが国では，貴族や富裕層の娯楽を起源としてスポーツが広まった欧米諸国と比べて，より高い精神性をスポーツに帰属させているのかもしれません。

　スポーツに携わるすべての人は，こうしたスポーツの特性を理解し，高い精神性を保持することが要求されます。近年では，「スポーツの高潔性（スポーツ・インテグリティ）」という言葉が浸透しつつあり，その重要性が強調されています。それは，選手や競技運営者だけでなく，スポーツビジネスに携わる企業，経営者，ビジネスマンも同様です。スポーツマンに求められるスポーツマンシップ，フェアプレーの精神は，スポーツビジネスでも要求されるのです。

　一般的なビジネス界においても，健全な経済活動を担保し，公平な競争の場を確保し成長するために，ルールを遵守して健全な企業活動を行うことの重要性が謳われています。一度そこから逸脱すれば，その企業は厳しい批判にさらされ，企業価値を大きく落とすことになります。高潔性を要求されるスポーツビジネスにおいてはなおさらです。

　私達がスポーツビジネスで扱おうとしているのは，多くの人の熱い想いが寄せられるスポーツです。そのことがもつ意味について想像力を働かせて熟考する必要があります。スポーツを愛する気持ちが強いがゆえに，それを汚すような行為は，ときに厳しい社会的制裁を受けることになります。

　もう1つ忘れてはいけないスポーツの特性として，その社会的注目度の高さとステークホルダー（利害関係者）の多さがあります。最近では野球やサッカー，バスケットボールといったプロリーグが存在するメジャースポーツだけではなく，以前であれば注目が少なかったスポーツも，テレビ，新聞や雑誌等のメディアやインターネットに数多く登場します。またその先にはス

ポーツに注目する全国のファンやサポーターが広がっており，スポーツを取り巻くステークホルダーはより一層広がっています（図表4−1）。そのため，スポーツに関する不祥事が与える社会的な影響はより大きなものになっているといえるでしょう。

このように，スポーツの高潔性に加えて，ステークホルダーの拡大が後押しするために，スポーツビジネスは高いレピュテーションリスクと隣り合わせにあるのです。

図表4−1　スポーツ団体を取り巻くステークホルダー

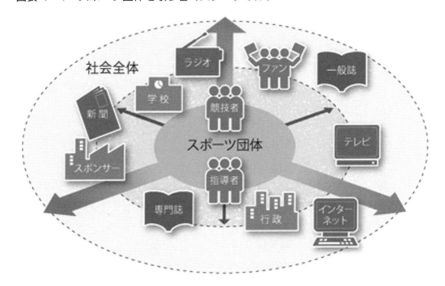

出所：公益財団法人日本スポーツ仲裁機構ホームページ「ガバナンスガイドブック」より引用。

▶ 2. スポーツビジネスで注意したいリスク

　スポーツの特性がもたらすレピュテーションリスクについては上述しましたが，以下ではより具体的に，スポーツビジネスにおいて注意しなければならない2つのリスクを挙げて解説します。1つが（1）スポーツの不祥事に関与してしまうリスクであり，もう1つが（2）スポーツビジネスのCSRリスクです。

（1）スポーツの不祥事に関与してしまうリスク

　スポーツではルールの遵守は必須です。それゆえに，汚職事件や，暴力問題，ドーピング，薬物使用，違法賭博など，不正行為や不祥事が一度発覚すると，社会から大きな注目を集めます。そして，その罪を犯した直接の当事者だけでなく，ときにはそれにかかわったとされる関係者も訴訟に巻き込まれたり，社会的制裁を受けたりすることになります。スポーツビジネスを営む企業も例外ではありません。スポーツビジネスではスポーツにさまざまな形で関与することになりますが，いつこうした不祥事と関係をもってもおかしくないのです。図表4-2ではスポーツにまつわる不祥事例を列挙しています。

　ドーピングやハラスメントなど，個人が行った不祥事があったとしても，その個人と企業が何らかの関係をもっていた場合には，企業のイメージダウンに繋がりかねません。例えば，スポンサー契約，コマーシャル契約，雇用契約（企業の部活動に所属することもあります）などを通じて，選手等の個人と何らかのかかわりをもつことが多くあります。本来，企業や商品・サービス等の知名度を上げ，イメージを上げるために行っていたにもかかわらず，その個人が不祥事の当事者になると，その逆の結果がもたらされます。「○○選手の所属先の△△株式会社では，・・・」という形で報道されることはしばしばあり，対応を間違えるとイメージダウンに繋がりかねません。

　競技会での八百長や競技運営での不正等においても，スポンサー契約等によって企業名がつく場合や，公式スポンサーとして広く認知されている場合

図表4-2　スポーツにおける不祥事例

行為	主な実施主体
ドーピング	選手，指導者
所属選手等の不祥事	選手，指導者
八百長	選手，指導者，審判
セクシャルハラスメント	選手，指導者
パワーハラスメント	選手，指導者
体罰・暴力行使	選手，指導者
反社会的勢力との交際	選手，指導者，スポーツ団体
賄賂	選手，指導者，スポンサー，スポーツ団体
助成金の不正受給や組織資金の横領	選手，指導者，所管行政，スポーツ団体
ルール違反の道具の使用	選手，指導者
不公平な競技運営	スポーツ団体
不正経理	スポーツ団体
ガバナンスの欠如	スポーツ団体
人種差別	選手，指導者，サポーター

　には，その大会で発生した不祥事について，スポンサー契約の継続の可否等の何らかの判断を迫られることもあります。資金を出していただけで運営には関与していないという説明をステークホルダーが許してくれるとは限りません。資金を提供した先での不祥事によって，たとえ法的責任を負わなくても，社会的制裁を受ける場合があることもあるのです。

　また，競技用の道具を提供していた場合で，その道具に何らかの問題があることが判明したケースもあります。勝ちたいという選手に協力したいという気持ちや，その競技の普及に貢献したいという純粋な気持ちが，ときにルールの逸脱という結果になってしまうこともあります。ルールの変更等を知らずに不注意で禁止された道具を提供してしまうかもしれません。しかし，一度それが生じたときの影響は大きなものになります。

　スポーツビジネスにおいては，こうした不祥事を起こしてしまう，もしくは巻き込まれてしまうという可能性を適切なレベルで識別しなければならないでしょう。

（2）スポーツビジネスの CSR リスク

　次に，スポーツビジネスにかかわる CSR リスクについて説明します。CSR（Corporate Social Responsibility）を直訳すれば，「企業の社会的責任」であり，企業は自社やその株主の利益を追求するだけでなく，取引先や従業員，所属する地域社会などかかわりのもつステークホルダーに与える影響に責任をもち，適切な意思決定を行う必要があり，それが企業にとっても持続可能性を高めるとする概念です。近年，CSR を果たすためにスポーツを活用する企業が増え，スポーツと企業の関係が変化しています。

　日本企業の場合，バブル期以前までは実業団スポーツが活発でしたが，バブル崩壊後はコスト削減を主な理由として部活動の廃止が続きました。その一方で，Ｊリーグ開幕，サッカー W 杯開催，ラグビー W 杯や東京オリンピック・パラリンピックの開催決定などを通じて，スポーツと企業の新しいかかわり合いが創出されています。海外では，前述のように企業がスポーツをいかに活用すべきなのか，スポーツに特化したマーケティングや CSR 活動などの研究も進んでいます。

　しかし，企業がスポーツを活用し CSR 活動においてポジティブな価値を引き出すこともできる反面，そこにはネガティブなリスクがあります。ここではスポンサーシップに注目し，実際にスポンサー企業が直面した事例を紹介します。

事例　メガスポーツイベントにかかわる企業として事業活動を市民社会から監視され，環境破壊や買収先の人権問題に注目が集まるリスク

〔その 1〕バリューチェーン上の環境破壊問題への国際的な注目

　イギリスに本社を置く資源採掘会社リオティントは，2012 年ロンドンオリンピックのためにオリンピックメダルの原材料である鉱物を提供し，公式スポンサーの権利を獲得しました。しかし，その鉱物はアメリカのウタとモンゴルを原産地にしていたのですが，産地の環境に負の影響を与えていると

して，抗議の活動が広がりました。アメリカのウタでは，鉱山採掘工場が排出している煙が深刻な大気汚染を引き起こし，周辺の住人の健康被害を誘発していると現地の地域住民が主張，抗議活動を行いました。モンゴルでは，リオティントの工場で採掘事業のために大量の水を使用されたため，水の枯渇が発生し，周辺で生活する放牧民が今までのように水を使用できなくなっていると報道されました。この状況を受けて，複数の NGO がロンドンを中心に抗議活動を実施したのです。

〔その2〕買収先の企業の過去の問題への注目

企業のバリューチェーン上だけではなく，企業の買収先の過去の問題がオリンピックを契機に注目された例もあります。アメリカに本社を置く総合科学品メーカーのダウケミカルは，インドで有毒ガス流出事故を起こした企業を買収しました。事故自体は 1984 年に発生したものの，事故の負の影響は現在でも残り，ウォールストリート紙は史上最悪の化学工場事故と伝えています。同社は，この事故での責任は自社にはないと主張したものの，国際的NGO はダウケミカルが 2012 年のロンドンオリンピックスポンサーとなることに反対する抗議活動を展開し，注目を集めました。

こうした事例からもわかるように，企業はスポーツにかかわることで注目を集めることになりますが，そのことが逆に企業の CSR に対する批判の眼差しに代わることがあり得るのです。スポーツというコンテンツに魅了され，スポーツビジネスの可能性を感知して参入したとしても，リスクを適切に認識せず，無防備な状態でスポーツビジネスに取り組めば，気づかないうちに大きな落とし穴にはまってしまうかもしれません。

▶ 3. リスクへの対応（1）－ガバナンス

リスクを抑制し，社会からの信頼を得て成長に繋げていく上で重要な要素の１つがガバナンスの構築です。ここでは，スポーツという観点からガバナンスをみるために，公益財団法人日本スポーツ仲裁機構（JSAA：Japan Sports Arbitration Agency）がスポーツ団体向けに作成したガバナンス・チェックリストを参照します。これらを通じて企業がスポーツビジネスに携わる際に見直すべきガバナンス体制がみえてきます。そこでは，ガバナンスを以下の４つに区分しています。

　①意思決定に関するガバナンス
　②運営に関するガバナンス
　③財務に関するガバナンス
　④不祥事や紛争などに関するガバナンス

　①意思決定に関するガバナンスとは，意思決定にかかわる役員が，スポーツ団体内の情報を共有し，その意思決定において，ステークホルダーの多様な意見を取り入れること，当該役員に弁護士等の外部の有識者が含まれ，さらにその意思決定の合理性や客観性をチェックする外部の有識者が存在することです。

　②運営に関するガバナンスとは，スポーツ団体がその団体の運営ルールや代表選手の選考基準，処分の基準等を作成し，そのルール等が継続的に外部の有識者のチェックを受けるとともに，広く情報公開する仕組みを構築しておくことです。

　③財務に関するガバナンスとは，スポーツ団体が財産目録や計算書類等を公正な会計原則に準拠して作成し，それらが継続的に適時に公認会計士等の外部の有識者のチェックを受け，そのチェック結果も含めて広く情報公開することです。

　④不祥事や紛争などに関するガバナンスとは，スポーツ団体の不祥事等の

事実調査を，必要な場合には弁護士等の外部の有識者が担当することによって公正さを担保し，不祥事等に関与した者に対する適正な処分を行い，確実な情報に基づいて情報開示を行うことです。

そして，上記を実践するために，さらに以下の対応を求めています。

①組織の構築

②規定の策定

③内部統制の構築

④情報開示

①組織の構築では，スポーツへの関心の高まりと，ステークホルダーの多様化を受けて，外部からみても理解しやすい組織を構築することと，その情報開示が必要になります。適切な責任者を置いたり，利益相反が生じず相互に牽制できるようにしたりするなどの組織体制づくりが求められており，理事会の設置が義務づけられています。

②規定の策定では，スポーツ基本法が第5条2項でスポーツ団体の努力について規定し，スポーツ団体はその運営の透明性を確保するとともに，遵守すべき基準を作成するよう努力することを求めています。

スポーツ基本法　第5条第2項

第五条　スポーツ団体は，スポーツの普及及び競技水準の向上に果たすべき重要な役割に鑑み，基本理念にのっとり，スポーツを行う者の権利利益の保護，心身の健康の保持増進及び安全の確保に配慮しつつ，スポーツの推進に主体的に取り組むよう努めるものとする。

2　スポーツ団体は，スポーツの振興のための事業を適正に行うため，その運営の透明性の確保を図るとともに，その事業活動に関し自らが遵守すべき基準を作成するよう努めるものとする。

スポーツ団体は，円滑な組織運営のために，行動規範や各種の規程に関する文書を整備し，組織内外に浸透させることが必要です。これらの詳細な内

段ぐ

ぐ

ぐ

ぐ

ぐ

部規程の制定により，団体運営の倫理性やコンプライアンスの確保に努め，透明性の高い組織運営を行うことになります。

③内部統制の構築は，さまざまな書籍で解説されていますので，詳細な解説は割愛し，6つの基本的要素を紹介しておくに止めます（図表4-3）。

ⅰ）統制環境とは，組織の気風を決定し，組織内のすべての者の統制に対する意識に影響を与えます。他の基本的要素の基礎をなすものであり，意識改革，倫理規定の設定，不正等を適切な部署や外部に通報できる環境や組織風土等のことをいい，所属員を正しい方向に導きます。

ⅱ）リスクの評価と対応とは，目標の達成に影響を与えるすべての事象のうち，組織目標の達成を阻害する要因をリスクとして識別，分析および評価し，その評価を受けて，当該リスクへの適切な対応を選択するプロセスをいいます。例えば不祥事が生じる可能性と影響を分析・評価し，予防措置をとることです。

ⅲ）統制活動とは，決定事項に関する指示が適切に実行されることを確保するために定める方針および手続きのことで，実施者とは異なる第三者の承認プロセスなど，その実態に応じてさまざまな形態をもちます。

図表4-3　内部統制の基本的要素

業務活動　財務報告　法令遵守　資産保全

統制環境
リスク評価と対応
統制活動
情報と伝達
モニタリング（監視活動）
ＩＴへの対応

ⅳ）情報と伝達とは，必要な情報が識別，把握および処理され，組織内外および関係者相互に伝えられることを確保することであり，スポーツ関係者の現場の状況を把握するための意識調査や，内部通報制度の確立などが該当します。

ⅴ）モニタリング（監視活動）には，通常の業務に組み込まれて行われる一連の手続きを継続的に検討・評価する日常的モニタリングと，日常的モニタリングで発見できないような経営上の問題がないか，独立した視点で，定期的または随時に行われる独立的評価があります。

ⅵ）IT（情報技術）への対応とは,今や組織が活動する上で欠かせなくなったITの利用状況を適切に管理することです。例えば情報セキュリティのソフトを導入することなどもこれに含まれます。

④情報開示では，組織運営の透明化を図り，説明責任を果たすことに積極的に取り組まなければなりません。例えば，ホームページ等に必要な情報を掲載し，広く一般に対して透明性をアピールする方法が挙げられます。過去の不正経理や理事間の対立などの諸問題から得た教訓をもとに，団体にかかわる多様な意見を集約し，その意思決定や活動内容の公開に努めることにより，対外的な透明性を高め，説明責任を果たしている事例もあります。

▶ 4. リスクへの対応（2）－危機管理

リスクマネジメントは，これから起きるかもしれない危険に対して事前に対応するための行動全般を指し,「リスクを予防・抑制」すること,「リスクが顕在化したときに対応」すること,「リスクによって負った損害を復旧」させること，という3つの要素に整理できます。1つ目の要素は上述のガバナンスが多くの役割を果たすことが期待されます。一方，2つ目および3つ目の要素である，いわばリスクが起きてしまった後の対応についてのリアクションを総じて「危機管理」と呼ぶことがあります。すなわち,『既に起き

図表4−4　リスクマネジメントと危機管理

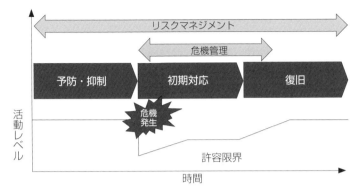

出所：新日本有限責任監査法人『スポーツ団体のマネジメント入門─透明性のあるスポーツ団体を目指して─』より引用。

た事故や事件に対して，そこから受けるダメージをなるべく減らす』という発想です（図表4−4）。

　危機管理は「①調査」，「②処分」，「③再発防止」，「④広報」によって構成されるといわれています（図表4−5）。まず，①調査を行い，事実関係を把握し，原因を究明します。そして，判明した事実関係および原因に基づいた適切な対応をとることになり，調査の結果を受けた適切な②処分が行われます。そして，組織として今後同じような事を起こさないように③再発防止の施策を講じる必要があり，勉強会や研修の実施などによる教育啓発活動，ガイドラインの作成，相談窓口の設置などが行われます。最後に，広く社会一般とのコミュニケーション手段として，対外的な④広報を行い，これまでの活動全般，すなわち調査結果，処分内容，再発防止策のそれぞれについて，組織としての姿勢を表明し説明することが求められます。

　リスクマネジメントについてはさまざまな書籍がありますので詳細な解説は割愛しますが，参考となる情報として，複数の国際機関が作成した指導原則，枠組みなどをまとめた文書を紹介します。先進的な企業は，このような枠組みを事業活動の規模や業種に合わせて活用し，リスクマネジメントの仕

図表4-5　危機管理の取り組み

出所：新日本有限責任監査法人『スポーツ団体のマネジメント入門─透明性のあるスポーツ団体を目指して─』より引用。

組みを企業内で構築しようと努力を続けています。日本企業でも，アニュアルリポートやサステナビリティリポートの中で，指導原則，枠組みに言及するなど，徐々に認識が広まりつつあるといえます。

（1）対話のためのガイドライン「AA1000シリーズ」

このガイドラインでは，あらゆる企業体が企業活動にかかわる社会・環境課題など，企業の持続性に関して，アカウンタビリティを果たすための原則が示されています。また，説明責任へのコミットメント，ステークホルダー・エンゲージメント・フレームワークおよび3つの原則（重要性・完全性・対応性）の適用が求められています。

重要性とは，ステークホルダーや組織にとって重要な事項を理解すること，完全性とは重要な事項に関してステークホルダーの懸念を理解することを指し，対応性とはその重要な事項に対して対応することを指します。日本企業ではこのガイドラインに沿ったステークホルダーとの対話の実施は少ないものの，国際的に認められたガイドラインであり，スポーツ団体との良好な関係構築のためには有効なガイドラインの1つといえるでしょう。

（2）ISO26000

組織の社会的責任に関する国際規格であるISO26000は，組織の持続的な発展を目的とした手引書であり，企業だけに限らず組織全般にも適用できる

ことが特徴です。7つの原則として「説明責任」「透明性」「倫理的な行動」「ステークホルダーの利害の尊重」「法の支配の尊重」「国際行動規範の尊重」「人権の尊重」があり，中核主題の「人権」の中で，組織はデューディリジェンスを実施することが盛り込まれています。

(3) 国連「ビジネスと人権に関する指導原則」

国連人権理事会では2011年に「ビジネスと人権に関する指導原則」を承認し，企業が人権課題に取り組むための指針としています。法的な拘束力はありませんが，30年以上の議論を経て国連人権理事会全会一致で承認された同文書は非常に重要な意義をもっていると国際社会から認知されています。その31の原則の中で，企業は適切な「人権デューディリジェンス」を実施することを求めており，それは自社内だけに限らず，調達先，取引先相手も含めたバリューチェーンを考慮したデューディリジェンスの実施が求められています。

(4) OECD多国籍企業行動指針

1976年，OECDは，加盟国の多国籍企業に対して，企業に対して期待される責任ある行動を自主的にとるよう勧告するための「多国籍企業行動指針」を策定しました。これまで国際社会の発展や企業活動の変化を受けて計5回の改訂が行われています。

この指針も法的な拘束力はありませんが，一般方針，情報開示，人権，雇用および労使関係，環境，贈賄・贈賄要求・金品の強要の防止，消費者利益，科学および技術，競争，納税等など，企業活動にかかわる幅広い分野における，責任ある企業行動に関する原則と基準を定めています。直近2011年の改訂時には，新たに人権の章が加えられ，またリスク管理の一環として，企業は自社の企業活動が引き起こす可能性となる潜在的な負の影響について特定し，防止し，緩和するためのデューディリジェンスを実施すべき等の規定が追加されました。

上記の他に，「国連グローバルコンパクトの基本 10 原則」や「GRI ガイドライン（2013 年改訂）」などの原則，枠組み，手引書などが存在していますので，そちらも参考にすることもできます。

▶ 5. リスクへの対応（3）－コンプライアンス

コンプライアンスの重要性は広く認知されており，ここで詳細に説明する必要はないでしょう。コンプライアンスにおいては，悪意をもって意図的に法を破ることは当然に許されませんが，「知らなかった」ということも許されません。そこで，最後にスポーツビジネスに携わる上で最低限知っておきたい法規制を提示しておきます。図表 4 − 6 は，「スポーツ六法」をもとに主な法規制を列挙したものです。スポーツビジネスにかかわる場合には，その濃淡の程度はあるにしろ，これらの法律やルールにかかわることになり，それらを遵守することは，社会的責任を果たす上での絶対条件となります。

また，スポーツの振興・助成・サポートを目的とする団体からの情報を知ることもスポーツビジネスに携わる際には有用と考えられます。それらの団体は，スポーツ全体の振興を目的とするとともに，フェアプレーの精神等，スポーツを行う上で必要な基礎的な知識の敷衍も目的としています。このような団体の存在が，スポーツ団体のコンプライアンスやガバナンスを助長し，社会的責任の遂行の一翼を担っているといえます。以下では，そのうち代表的な団体を 5 つ紹介します。

①日本アンチ・ドーピング機構

公益財団法人日本アンチ・ドーピング機構（JADA：Japan Anti-Doping Agency）は，2003 年に制定された世界ドーピング防止規定を受けて，国内におけるドーピングを根絶するための継続的な活動を促進するために，日本ドーピング防止規定を 2009 年に発効し，ドーピング検査の実施や，教育・啓発活動，調査研究活動を行っています。

図表 4-6　スポーツ六法による法令等

大区分	小区分	法規制例
スポーツの 基本法	基本法令	スポーツ基本法
	スポーツ国際法	ヨーロッパ・みんなのためのスポーツ憲章
		体育およびスポーツに関する国際憲章
		オリンピック憲章
	スポーツの精神	世界ドーピング防止規定
		日本ドーピング防止規定
		日本体育協会スポーツ憲章
スポーツの 行政と政策	スポーツの行政	文部科学省設置法
		厚生労働省設置法
	スポーツの 振興と政策	独立行政法人日本スポーツ振興センター法
		スポーツ振興投票の実施等に関する法律
	スポーツ情報の公 開と保護	情報公開法
		個人情報保護法
生涯スポーツ	-	生涯学習の振興のための施策の推進体制等の整備に関する法律
		社会教育法
スポーツと健康	-	健康増進法
スポーツと環境	-	環境基本法
		JOC 環境方針
スポーツの 享受と平等	子どもと スポーツ	児童福祉法
		児童（子ども）の権利に関する条約
	スポーツと ジェンダー	男女共同参画社会基本法
		セクシュアル・ハラスメントの防止等
		あらゆる形態の人種差別の撤廃に関する国際条約
	スポーツと 障害者	障害者基本法
		身体障害者スポーツの振興について
		全国知的障害者スポーツ大会について
スポーツと ビジネス	スポーツ産業 関連	会社法
		著作権法
		商標法
		消費生活用製品安全法
	プロスポーツの団 体・選手契約	労働組合法
		日本プロフェッショナル野球協約
		日本サッカー協会 基本規程
スポーツ紛争と 手続	-	民事訴訟法
		日本スポーツ仲裁機構 スポーツ仲裁規則

スポーツの 安全管理		労働安全衛生法
		建築基準法
		興行場法
		東京都体育施設条例
スポーツ関係 団体	スポーツ団体関連 法	独立行政法人通則法
		一般社団法人及び一般財団法人に関する法律
		公益社団法人及び公益財団法人の認定等に関する法律
		特定非営利活動促進法（NPO法人）

②笹川スポーツ財団

　公益財団法人笹川スポーツ財団は本問題領域全体を「スポーツガバナンス」として捉え，各界の有識者によるシンポジウムおよびリレー・エッセイなどを通じて，解決の糸口を見出しています。

③日本スポーツ仲裁機構

　2003年4月，JOCによって設置された公益財団法人日本スポーツ仲裁機構は，競技者や競技団体とのトラブルを公正・中立な立場で解決しています。スポーツ団体運営のためのガバナンスガイドブックや，ドーピング仲裁ガイドを公表しています。

④ドーピング仲裁研究委員会・ワーキンググループ（WG）

　ドーピング紛争に関する仲裁判例を研究するために設置された委員会であり，WGは実際に判例研究を行う予定です。

⑤スポーツ団体のガバナンスに関する協力者会議

　日本スポーツ仲裁機構は，文部科学省の2014年度委託事業として「スポーツ団体のガバナンスに関する協力者会議」を設置し，JOC，公益財団法人日本体育協会およびその傘下のスポーツ団体等各方面の全面的協力を得て調査研究を進め，上記会議において書面を取りまとめました。

■参考文献

FIFA（2011）Governing FIFA

ヴォルフガング・ヒュアヴェーガー著，楠木健解説，長谷川圭訳（2013）『レッドブルはなぜ世界で 52 億本も売れるのか』日経 BP 社

海野みづえ（2014）『新興国ビジネスと人権リスク―国連原則と指導原則から考える企業の社会的責任（CSR）』現代人文社

社団法人日本経済団体連合会（2006）「我が国におけるコーポレート・ガバナンス制度のあり方について」6 月 20 日

新日本有限責任監査法人（2015）『スポーツ団体のマネジメント入門―透明性のあるスポーツ団体を目指して―』同文舘出版

広瀬一郎（2015）『スポーツ・マネジメント入門 第 2 版』東洋経済新報社

London Mining Network ホームページ：Rio Tinto and the 2012 Olympic Medals

Olympic Agenda 2020 ホームページ

Theguardian ホームページ：Olympic medal mining firm Rio Tinto faces air pollution lawsuit in US

Theguardian ホームページ：Rio Tinto accused of environmental and human rights breaches

公益財団法人日本アンチ・ドーピング機構 ホームページ

公益財団法人日本スポーツ仲裁機構（Japan Sports Arbitration Agency, JSAA）ホームページ

スポーツ庁 ホームページ

公益社団法人日本オリンピック委員会 ホームページ

文部科学省 ホームページ

レッドブル ホームページ

4

リスクへの対応

Column　発展途上国とスポーツ

　近年では，先進国のみならず発展途上国でもスポーツを楽しむ人が増えています。スタジアムやテレビ・インターネットを通じての観戦，グッズ購入など，マーケットの拡大が期待されています。欧州の有名サッカークラブはタイやシンガポールなどにオフィスを構え，アジアからの収益拡大を模索していますし，東南アジアのサッカーの祭典スズキカップや，メコン川流域4ヵ国（ベトナム，カンボジア，ラオス，ミャンマー）のナンバー1クラブを決定するメコンクラブ・チャンピオンシップは，数多くの日本企業が協賛社として参加し，毎回大変な盛り上がりをみせています。

　このようなスポーツの華やかな盛り上がりの一方で，現在でも途上国の多くは貧困や差別などの問題を抱えています。所得格差を原因とする教育格差，地球温暖化の影響による災害の多発や水不足と干ばつ，地滑りや塩害，感染症拡大など，途上国が抱えている数多くの課題は，一国だけの力では解決できないものです。

　このような問題に対し，スポーツを通じて解決に貢献しようとする動きも活発になっています。企業と政府の協働事例も多く，今後これらの事例を参考に多くの企業が活動に積極的に参加し，課題解決の流れが促進されることが期待されています。

　スポーツが国の発展にどのように貢献できるのか，途上国において特に期待される機能が2つあります。

　1つは，スポーツの情報伝達としての機能です。途上国では，国からの重要な情報や知識の伝達のシステムが先進国ほど発達していません。例えば，住所の登録システムが確立していない場合もあり，新聞や郵便などの媒体による情報伝達さえも都市部などに限定され，電気が普及していない場所ともなるとテレビやインターネットも効果的ではありません。そこで，スポーツの人気を活用し国民の関心を集め，効果的に情報を伝えることができます。

　次に，スポーツは社会の発展の基盤となるメンタリティの醸成という機能があります。個人として健全な身体と精神の成長を促進させるだけでなく，リーダーシップやチームスピリットを育て，構成員の1人ひとりが社会の発展に必要な力をもつことに繋げることができます。さらに，さまざまな国籍・人種・宗教・ジェ

ンダーの人や，障がい者を含んだ複数の参加者とスポーツを行うことで，互いの理解を深め，社会の構成員の誰でも社会に参画・貢献する機会が与えられ，それぞれに特有のスキルを発揮し活用されることに繋がります。スポーツを通じて育まれる他者と協力するスキルも，社会の発展に大きな役割をもちます。

　日本では，複数の人間とスポーツを行う経験を義務教育の中で等しく経験できる教育体制が構築されていますが，海外では体育の授業は必ずしも必須ではありません。特に途上国では，国語教育や算数教育のようなカリキュラムが優先され，適切な教員や物資が足りないこともあって，体育の授業が実施できない場合もあります。

　実は，このような問題を抱える途上国で，日本の「運動会」が活用され始めています。まずは，体育教育のよさを瞬間的にでも感じてもらい，最終的には体育の教科化を目指すというのが狙いですが，運動会は上記に挙げたスポーツの機能をバランスよく含んでいます。運動会に向けて練習する中で，他者と協力する，人に指示をする，指示やルールを守る，企画・運営する，道具を管理する，責任をもつなど，社会の発展のための重要な要素を学ぶことができます。さらに，学校全体で行う運動会は先生や親，近所の人達を巻き込み，地域社会の結びつきを強めることにもなります。日本政府が推進して 2014 年から始まった「Sport for Tomorrow（スポーツフォートゥモロー）」というスポーツを通じた国際貢献事業の取り組みの中では，マラウイ，グアテマラ，カンボジア，タイとラオスにて「UNDOUKAI」トライアル事業を実施しました。

　2015 年 9 月には，独立行政法人国際協力機構（JICA）と公益財団法人日本サッカー協会（JFA），公益社団法人日本プロサッカーリーグ（J リーグ）の三者が開発途上地域への国際協力の効率的かつ効果的な実施と，スポーツを通じた国際協力の一層の発展を目的として，連結協定を締結しました。ラオスでのサッカー教室への指導者派遣，ボスニアにおけるスポーツを通じた平和構築事業，途上国でサッカー指導を行う者への事前研修および指導教材の提供などが計画されています。

　今後，政府だけではなく，積極的な企業とのコラボレーションを通じて，途上国の開発と平和構築が一層進むことが期待されています。

第Ⅲ部

ビジネス別の
論点

スポーツビジネスは多岐に亘りますが，個々のビジネスの特徴はさまざま
です。そこで，代表的なスポーツビジネスとして，スポーツ用品，スポーツ
食品，スポーツ教育，スポーツメディア，スタジアム建設・運営，プロスポー
ツ，選手のマネジメント・エージェントを取り上げて，各論について解説し
ます。それぞれ主に以下の内容について解説します。

(1) ビジネスの概要

(2) 特徴的なビジネスリスク

(3) 関係性の深い法規制

(4) 特有の会計処理

　実務上は各社の経営環境や戦略など，実態に応じて最終的な判断を慎重に
検討する必要がありますが，読者の皆さまの参考になるよう実務的な情報を
提供します。

　なお，会計処理については，わが国の会計基準に基づいた解説を行ってい
ます。

5

スポーツ用品ビジネス

▶ 1. ビジネスの概要

　スポーツ用品ビジネスの商流を端的にいうと，製造業者が製造したスポーツ用品を，卸売業者が小売業者に届け，小売業者から消費者に販売されるという経路になります。大手のスポーツ用品会社にもなると，製造業から小売業までを自社（もしくは自社グループ）で一貫して行っているケースもあります。また，スポーツ用品を海外に輸出入する場合もあります。さらに，マーケティング（市場調査），営業，企画，デザイン，広告宣伝という要素が加わり，貿易，物流，Webサイト運営（通販サイト等），廃棄・リサイクルなどの関連ビジネスも付随することになります（図表5-1）。

図表5-1　スポーツ用品ビジネスの関連領域

国内企業例
(1) アシックスジャパン，アディダスジャパン，ゴールドウイン，コンバースフットウェア，ダンロップスポーツ，デサント，ナイキジャパン，プーマジャパン，ニューバランスジャパン，ミズノ，モルテン，ヨネックス
(2) イモト，エスエスケイ，ゼット
(3) アルペン(スポーツデポ，アルペン，ゴルフ5)，ゼビオ(スーパースポーツゼビオ，ヴィクトリア，ゴルフパートナー)，ヒマラヤ(ヒマラヤスポーツ)，加茂商事(サッカーショップKAMO)，ビーアンドディー（B&D）

図表5-2　スポーツ用品例

区分	用品例
選手が身につける用品	ユニフォーム，水着，アンダーウェア，ソックス，胴着，防具，シューズ，スパイク，スケート靴，キャップ等
選手が使用する用品	ボール，バット，ラケット，竹刀，クラブ，グローブ，砲丸，シャトル，自転車，ボード等
競技のために設置される用品	ハードル，ゴール，ネット，フラッグ等
競技に関連して使用する用品	バッグ，ストップウォッチ，笛等
練習を支援する用品	ダンベル，タオル，水筒等
その他派生用品	スニーカー，時計等

　また，取り扱う用品は多岐に亘ります。図表5-2にその具体例を列挙しました。同じ用品でも手軽さとコストパフォーマンスを重視したものから，ハイスペックモデルまで，そのラインアップは豊富です。こうした道具を選ぶのもスポーツの楽しさの1つといえるでしょう。

▶ 2.　特徴的なビジネスリスク

（1）流行性リスク

　流行性リスクとは，製品が社会の流行により影響を受ける可能性です。ファッションの業界には流行りがありますが，近年ではスポーツ用品でもファッション化の傾向が強まっています。わかりやすい例を挙げるとすれば，ジョギングウェアやゴルフウェアです。両者は東京マラソンや人気選手の活躍をきっかけにブームが到来し，ファッション化が一気に加速しました。今や店頭に行けば色鮮やかなさまざまなデザインのウェアやシューズをみることができます。

　また，スポーツ用品においては，機能的な流行もあります。道具の機能は，

競技成績を左右することもありますので，競技者にとって非常に重要な要素です。そのため，製造業者は常に試行錯誤を続け，技術開発を行っています。その結果，一度新しい素材や機能が誕生すると製品が入れ替わることになります。

　こうしたリスクに対して，企業は消費者のニーズに対して常に敏感にアンテナを張り，消費者が興味をもつような新たなデザインや機能を市場に提案することを継続し，消費者を常に惹きつける工夫が必要になります。デザインか，機能か，その両方なのか，市場での競争において，何に重点を置いて勝負するかは各社のマーケティングと企画力に基づく経営判断の腕の見せどころです。

(2) 製造物責任リスク

　スポーツ用品の製造者には，一定のクオリティ水準を満たした製品を供給する責任がありますが，欠陥等が発生してしまうリスクをゼロにすることはできません。これをさらに区分すると，安全性リスクと準拠性リスクに分けられます。

　安全性リスクとは，製造した製品に欠陥等が含まれていたことに起因して消費者が負傷する，もしくは，器物を破損する等の事象が発生してしまうリスクを指します。スポーツは自らの体を使って行うもので，時には限界に挑戦することもあり，怪我は隣り合わせです。また，健康のためにスポーツに励む場合も多く，スポーツ用品の欠陥等は身体的・物理的な損害に直結しやすいのも特徴です。そのため，安易な販売拡大を追い求めて，製品の安全性の管理を怠ることはあってはなりません。もし，製品の欠陥等によって怪我をしてしまった場合，損害賠償請求等の責任を負うことになりますし，ブランドイメージの毀損という社会的制裁を受けることになります。

　準拠性リスクは，ルールに規定された素材，重量，サイズ等に違反した製品を製造し販売するリスクを指します。スポーツの基本は公平なルールのもとで競争を楽しむことにあり，道具によって不公平が生じないように，使用

する道具に一定のルールが定められていることが一般的です。しかし，製造業者が機能を競い合う中で，意図的にまたは知らぬ間に，そのルールから逸脱してしまうことが現実に起きています。それを知らずに競技に使用してしまった選手やチームの記録は取消しまたは参考扱いになり，勝者にも敗者にも，それぞれの選手やチームを応援していた人にも精神的，時には経済的な損害を与えることになります。企業は，知らなかったでは済みませんので事前にルールを熟知しておく必要があります。

(3) 外注先リスク

　近年，スポーツ用品の製造はコスト削減を図って，海外で行われることが増えています。また，特殊な技術等も必要なことから製造の一部またはすべてを第三者に外注することも多くなっています。その場合，外注先の管理体制が問われます。昨今では，外注先の不正や違法行為について，委託元は外注先がやったことで知らなかったという姿勢は許されず，厳しい社会的制裁を受けることもあります。最終製品の製造責任者として，外注相手の信頼性を評価し，時には製造過程等を視察するなど，外注先の業務を自らの製造プロセスの一部分とみなして管理する姿勢が求められます。

(4) 在庫リスク

　スポーツ用品を扱う以上，在庫リスクは避けて通れません。

　まず，スポーツ用品では市場ニーズの動向に左右されやすいがゆえに，需要動向リスクを負います。例えば，ある年は例年より気温が高くなるとの予測に基づき大量の水着を仕入れたものの，実際は冷夏になったとすると，想定外の損失が発生するかもしれません。適切な市場・販売情報を把握して適切な在庫管理ができなければ，多数の不良在庫を負うことになります。逆に，せっかくの需要があったとしても，適切な量の在庫を保管していなければ，供給が追い付かず，せっかくの利益獲得のチャンスを逃してしまうリスクもあります。

また，販売した商品の中に不良品等が発生した場合には返品による追加の業務が発生する可能性があります。実際に返品が発生した場合には，返品の処理，代替商品の発送等の追加の費用が発生することから，返品が大量に発生した場合には，多額の費用負担が生じかねません。

　さらには，市況変動の影響を受けて商品価値が変動する相場変動リスクもあります。例えば，在庫保有期間中に市況が下落した場合，顧客との取引では，市況を反映した価格で販売することになり，この価格下落分については卸売業者が負担することになります。また，販売前に在庫の評価低価損を計上しなければならなくなるかもしれません。

　在庫の保管リスクもあり，適切な在庫の保管体制が構築できなければ，盗難・紛失，毀損などの損害を受けることもあります。

　こうした在庫リスクに対応するために，製造現場でのカンバン方式導入や，システムによる在庫管理，製品の種類別の管理方法の細分化など，それぞれの企業の実態に合った工夫を凝らす必要があります。

▶ 3. 関係性の深い法規制

（1）製造業に関連する法規制
　製造業に関連する法令規制としては，消費生活用品安全法，製造物責任法，容器包装リサイクル法，資源有効利用促進法等があります。

（2）卸売業に関連する法規制
　卸売業に関連する法令規制としては，物流二法，下請法，湾口運送事業法，湾口労働法，倉庫業法，建築基準法等があります。

（3）小売業に関連する法規制
　小売業に関連する法令規制としては，大規模小売店舗法，中心市街地活性化法，都市計画法，個人情報の保護に関する法律等があります。

▶ 4. 特有の会計処理

（1）原価計算

　原価計算方法は大きく分けて，①総合原価計算と②個別原価計算の 2 つがあります。①総合原価計算は，標準品を大量生産するような場合に採用される原価計算方法です。一方，②個別原価計算はオーダーメイド品等，特注により特殊品を生産するような場合に採用される原価計算方法です。

　スポーツ用品製造業の大手数社の有価証券報告書によると，採用している主な原価計算方法は図表 5-3 のとおりとなっています。

　スポーツ用品製造業においては，多くの場合，①総合原価計算が採用されています。オーダーメイド品を製造するケースもあるものの，多くのスポーツ用品製造業では，標準品を大量生産しているためです。また，スポーツ用品を製造するにあたり，製造工程，検査工程，仕上工程等の複数の工程を経由する場合，工程別の総合原価計算が採用されています。さらに，多品種を生産する場合には，組別・部門別の総合原価計算を適用することが考えられます。

　また，スポーツ用品卸売業やスポーツ用品小売業では，取扱品目が非常に多く，すべての品目の商品の受入原価を把握することが困難なため，売価還元法による棚卸資産原価の把握が容認されるかもしれません。売価還元法とは，値入率等の類似性に基づく棚卸資産のグループごとの期末の売価合計額に，原価率を乗じて求めた金額を期末棚卸資産の価額とする方法（棚卸資産の評価に関する会計基準 6-2）です。

図表 5-3　大手スポーツ用品メーカーの原価計算方法例

A 社	工程別総合原価計算
B 社	部門別工程別標準総合原価計算
C 社	組別工程別総合原価計算
D 社	部門別総合原価計算

売価還元法の計算式例

> 期末棚卸資産原価＝商品グループごとの期末売価合計額×原価率

（2）スポンサー契約

　スポーツ用品を扱う企業だけに限定されるわけではありませんが，企業は自社および自社製品の広告宣伝を目的として，選手やチームとスポンサー契約を締結することがあります。選手やチームにスポンサー料を支払ったり，自社製品を提供したりする代わりに，ユニフォームやウェアなどに社名やロゴを入れたり，契約選手をＣＭやカタログ等で使用したりすることで，会社の知名度・ブランドイメージを高めることができます。

　スポンサー料は，広告宣伝活動にかかる経費と考えると，販売費及び一般管理費として処理されます。

（借）広告宣伝費　×××　　　　（貸）現金及び預金　　×××

　スポンサー契約の中には長期間に及ぶものがあります。その場合，上記の広告宣伝費のうち来期以降にかかるものは（長期）前払費用として繰り延べます。

（借）前払費用　　×××　　　（貸）広告宣伝費　　　××× 　　　長期前払費用　×××

　また，スポンサー料の支払いとして自社製品等の現物を提供することもあります。この場合，製品等の資産の減少は売上原価ではなく，他勘定振替高として販売費及び一般管理費に振替えるべきでしょう。

（借）広告宣伝費　×××　　　　（貸）他勘定振替高　　×××

　ただし，これらの費用が税務上広告宣伝目的でないとみなされた場合には，寄付金扱いになり損金に算入できない場合がありますので，注意が必要です。

5

スポーツ用品ビジネス

(3) 引当金

①製品保証引当金

　スポーツ用品製造業では通常，不良品が発生しないよう万全の体制を整えていますが，販売後に不良品が発見されることがあります。そのような場合，メーカーが一定期間において製品を無償で交換したり，修理したりする等の無償保証を行うケースがあります。企業会計原則注解18に記載されている引当金計上の4要件（図表5-4参照）を充足する場合には，製品保証引当金を計上します。

図表5-4　引当金の4要件（企業会計原則注解18）

ⅰ）将来の特定の費用または損失であること
ⅱ）その発生が当期以前の事象に起因するものであること
ⅲ）発生の可能性が高いこと
ⅳ）金額が合理的に見積可能なこと

②ポイント引当金

　スポーツ用品小売業においては，ポイント制度を採用しているケースがあります。ポイント制度とは，顧客が購入した金額に応じて，一定のポイントを顧客に付与する制度であり，顧客はポイントを購入代金に充当したり，別の商品を受け取ったりすることができます。

　ポイント制度の会計処理については，大きく分けて3つの会計処理方法が考えられます。

　a）ポイントを発行した時点で費用処理する方法

　b）ポイントが使用された時点で費用処理するとともに，期末時点で未使用ポイント残高について引当金を計上する方法

　c）ポイントが使用された時点で初めて費用処理する方法

　ここでは，有効期限1年のポイントを100ポイント（1ポイント＝1円と

して支払いに充当できる）発行し，40ポイントが期中に使われ，残りの60ポイントのうち8割の48ポイントが使用され，12ポイントは失効することが見込まれる例で考えてみましょう。

　従前は，スタンプカード式によるポイント制度が主であったこともあり，ポイント行使時に販売促進費等（または売上値引）により処理していました（上記c)の会計処理）。

【ポイント発行時】			
仕訳なし			
【ポイント使用時】			
（借）販売促進費	40	（貸）売上高	40
【決算時】			
仕訳なし			

　近年では，ポイント会員数が増加し，未使用ポイント残高が増加していること，リライト式のポイントカード等，システムによりポイント管理がなされ，過去のポイント使用の実績や未使用残高を容易に把握できるようになったことなどに伴い，b)による会計処理を採用する会社が増えました。

【ポイント発行時】			
（借）販売促進費	100	（貸）ポイント引当金	100
【ポイント使用時】			
（借）ポイント引当金	40	（貸）売上高	40
【決算時】			
（借）ポイント引当金	12	（貸）販売促進費	12

　引当金計上にあたっては，企業会計原則注解18に記載されている引当金計上の4要件（図表5-4参照）を充足する必要があります。

　ここで，ⅰ)将来ポイント発生時に販売代金が減額され（＝将来的に費用負担する），ⅱ)過去に商品を販売されたことに起因することから，ⅲ)顧客が

ポイントを使用する可能性が高く，iv）ポイント情報が管理されており，金額が合理的に見積もることができる場合，ポイント引当金を計上することとなります。

決算時のポイント引当金の計算方法は次のような方法が考えられます。

> ポイント引当金＝期末ポイント残高×（1－失効率）×1ポイント当たりの単価＊

＊ポイント引当金は上記のように売価ベースで設定する方法と，原価率を乗じて原価ベースで設定する場合があります。ポイント付与により生じた義務を，将来ポイント利用時点で売上値引を行う義務と考えれば，売価ベースでの設定となります。一方，ポイント付与により生じた義務を，将来顧客に商品・サービスを提供する義務と考えれば原価ベースでの設定となります。

③返品調整引当金

返品受付期間を設け，当該期間内であれば返品を受け入れるという返品制度を設けている場合があります。販売した商品を翌期に返品されることから生じる損失に備えて返品調整引当金を計上する場合があります。

具体的には，企業会計原則注解18に記載されている引当金計上の4要件（図表5−4参照）を充足する場合には，返品調整引当金を計上します。

ここで，ⅰ）将来の商品の交換による費用であること，ⅱ）当期以前に交換を必要とする商品を販売したことに起因するものであることから，ⅲ）発生可能性が高く，ⅳ）金額が合理的に見積可能であれば製品保証引当金を計上することになります。

計算方法は次のような方法が考えられます。

> 返品調整引当金＝翌期以降の返品見込額×売買利益率

ここで，翌期以降の返品見込額の算定については，期末売掛金または一定期間の売上高に過去の返品実績率を乗じて計算する方法があります。

> 翌期以降の返品見込額＝期末売掛金残高×返品率

もしくは

> 翌期以降の返品見込額＝売上高×返品率

また，上記は返品に伴う粗利の減少に対して引当金を計上する場合を想定していますが，返品された商品を廃棄したり，補修したりするような場合があります。すなわち，販売した商品に不良品があり，商品が返品されてきた場合には，粗利の減少に対する引当では賄えず，商品廃棄や補修に伴うコストについても引当計上する場合があります。このような場合には当該コストについても返品調整引当金に含めて計上する方法や，前述の製品保証引当金として計上する方法等が考えられます。

Column　スポーツブランドとスニーカー

　近年の健康志向の高まりやスポーツへの関心の高まりに伴って，スポーツ用品市場は堅調であるといわれています。株式会社矢野経済研究所が公表している「スポーツ用品市場に関する調査結果 2020」によれば，2020 年のスポーツ用品国内市場規模（メーカー出荷金額ベース）は 1 兆 5,970 億円を見込み，2013 年実績から 1,856 億円増加という数値が算出されています。その成長を支えている最大の要因の 1 つがスポーツシューズです。

　実は，ここでいうスポーツシューズには，野球，サッカー，バスケットボールなどの競技用シューズや，健康のためのランニングや登山等のアウトドア用のシューズだけでなく，日常のファッション用に供給しているカジュアルスニーカーも含んでいます。スポーツ用品メーカーは各種競技にシューズを提供して得た知名度やブランドを活かして，街中のファッションにもビジネスを拡大しているのです。

　スニーカーという言葉は，Sneak（忍び寄る）から派生して生まれました。その起源は諸説ありますが，1800 年代からラバーソールを使い，音がしない静かな靴が徐々に人気を集めるようになり，1887 年にはボストンの新聞記事や1889 年のデパートの広告には "sneakers" という単語が登場しています。

　スニーカー市場の歴史を追うと，多様なスポーツ種目からメジャースポーツ用品メーカーが誕生していることがわかります。

1892年	米国でキャンバス生地とラバーソールでできた "Keds" が販売（現在の Keds 社）
1895年	英国人 Foster が陸上スパイク "Running Pumps" を開発（現在の Reebok 社）
1917年	米国 Converse 社がバスケットボール専用スニーカー "Converse All-Stars" を販売
1924年	独国の Adi Dassler が "Adidas" を販売（1936 年のベルリンオリンピックで陸上の金メダリストが着用していたことで人気拡大）
1948年	Adi の弟 Rudi が Puma 社を設立。サッカーやランニングシューズなど販売
1959年	日本のオニツカタイガー社がランニングシューズ "マジックランナー" を販売（現在のアシックス社）
1966年	米国で K・SWISS 社が，オールレザーのテニスシューズを販売
1984年	米国の Nike 社，スターバスケットボール選手の Michael Jordan と契約。翌年 Air Jordans が販売開始

日本でスニーカーがファッションとして広まったのは 1990 年代以降です。Nike 社のエアジョーダンシリーズで人気が高まりつつあったスニーカーですが，1987 年に米国で販売開始されたハイテクスニーカーのエアマックスが日本でも販売を開始されると，スニーカーブームが一気に加速しました。今日，街中で足元を見てみると，おなじみのスポーツ用品メーカーのカジュアルスニーカーを多く見かけ，そのデザインも非常に洗練されていることに気づきます。これらのスニーカーはスポーツショップだけではなく百貨店やセレクトショップで他の高級ブランドが制作するシューズと並べられて販売されることも多く，その人気を裏づけています。スポーツシューズがもつ優れた運動機能に洗練されたデザインが加われば，人気が出るのもうなずけるところで，最近ではそのノウハウを活かして，ビジネスシューズやハイヒールなどを製造販売するスポーツ用品メーカーもあります。また，働き方改革が進められる中でビジネスウェアもカジュアル化し，ビジネスの場でもスニーカーを着用する機会が増えています。こうしたファッション業界での収入は，今ではスポーツ用品メーカーの貴重な収入源の 1 つになっています。

　また，スポーツ用品メーカーは，スニーカーだけでなく洋服や時計等のアイテムを販売し，ファッション業界に浸透しました。スポーツとファッションの垣根がなくなり，スポーツが私達の日常の中に組み込まれていったように，今後スポーツは私達の生活の中にますます広がっていくでしょう。スポーツビジネスの未来について，街中の足元を見ながら思いをはせてみるのも面白いかもしれません。

■参考文献

一般社団法人金融財政事情研究会（2016）『第 13 次 業種別審査事典』きんざい
株式会社矢野経済研究所（2015）「スポーツ用品市場に関する調査結果 2015」
金融庁（2008）「ポイント及びプリペイドカードに関する会計処理について」2008 年 6 月 18 日
新日本有限責任監査法人（2011）『業種別会計シリーズ 卸売業』第一法規
新日本有限責任監査法人（2011）『業種別会計シリーズ 小売業』第一法規
新日本有限責任監査法人（2014）『こんなときどうする？引当金の会計実務』中央経済社

スニーカーフリークス ホームページ
Fact Monster ホームページ
Reebok ホームページ

6

スポーツ食品ビジネス

▶ 1. ビジネスの概要

　スポーツ食品をそれ以外の食品から線引きして抜き出すことは困難ですが，1つの整理として「スポーツサプリメントからダイエット食品まで　アクティブ＆ウェルネスフーズ市場2015」（株式会社富士経済ホームページ）を参照してみましょう。ここでは，「アクティブ＆ウェルネスフーズ」を「スポーツサプリメントを中心にダイエット食品も含む「運動前」「運動中」「運動後」などスポーツと関連する食品と飲料の総称」と定義し，商品市場として以下に区分しています。

　　　①プロテイン市場
　　　②アミノ酸サプリ市場
　　　③ビタミン・サプリメント市場
　　　④その他サプリメント市場
　　　⑤スポーツドリンク・機能性飲料市場
　　　⑥パウチゼリー市場
　　　⑦ミールリプレイスメントパウダー市場
　　　⑧ニュートリションバー市場

　スポーツ食品市場は健康意識の高まりとともに，市場の拡大傾向が続いていると考えられています。また，研究開発によって新技術に基づく新製品が次々と市場に投入されるという特徴があります。主要国内上場会社の例は以下のとおりです。これらの企業に海外企業が加わり，市場での競争が続いています。

①大塚ホールディングス株式会社

　1980 年から「ポカリスエット」を製造販売する大塚製薬株式会社を傘下にもちます。同社グループは，科学的根拠をもとに開発された医薬部外品や機能性食品および栄養補助食品等を取り扱うセグメントとして「ニュートラシューティカルズ関連事業」を設定しています。ニュートラシューティカルズとは，栄養「Nutrition」＋薬「Pharmaceuticals」の造語で，科学的根拠をもとに開発された医薬部外品や機能性食品および栄養補助食品を取り扱うセグメントで，主要製品には「ポカリスエット」の他，3 種の分岐鎖アミノ酸（BCCA）を高濃度含有したスポーツ飲料「アミノバリュー」も含まれています。

②明治ホールディングス株式会社

　1980 年の販売開始以降，プロテイン市場に人気の「ザバス」の製造販売や，スズメバチアミノ酸配合の「ヴァーム」シリーズ（1995 年販売開始）の製造販売を行っています。「ザバス」「ヴァーム」を含む健康栄養事業は，乳製品事業や菓子事業と並んで「食品」セグメントとして報告されています。

③味の素株式会社

　味の素の前身は，1917 年に創業された日本の老舗企業株式会社鈴木商店です。1995 年「スポーツにアミノサイエンス」をコンセプトに，約 100 年培ったアミノ酸研究開発・製造技術をスポーツ分野に展開し，分岐鎖アミノ酸（BCCA）など 12 種類のアミノ酸にビタミン，ミネラルを配合したスポーツ選手向けサプリメント「アミノバイタルプロ」を商品化しています。

④森永製菓株式会社

　1983 年に米国のウイダー社と技術提携して「プロテインパウダー」等を発売開始しました。1994 年には「ウイダー in ゼリー（現・in ゼリー）」の発売を開始し，現在では同社の「食料品製造事業」セグメントの中の健康部門の主力ブランドと位置づけられています。

▶ 2. 特徴的なビジネスリスク

①食の安全に関するリスク

　有害物質混入等の食の安全に関する事件の発生は，食品メーカーにとって社会的信用をも失墜させかねない重大なビジネスリスクです。予期せぬ品質事故により大規模な回収や製造物責任賠償が発生した場合には，業績に大きな影響を与えることになります。

②製品表示リスク

　①にも関連しますが，消費者の食への意識は非常に高く，パッケージに記される原材料，賞味期限，1日の摂取量，アレルギー，特定保健用食品（トクホ），期待される効果等，各種の情報は，消費者の選択に大きな影響を与えます。誤った表示や誤解を与える表示をしないように，法令を遵守するだけでなく消費者目線での配慮を欠かさない姿勢が必要です。

③原材料価格の変動に関するリスク

　スポーツ関連食品の主原料である農作物や燃料には相場価格の変動を受けやすいものが多くあります。また，輸入に頼るものも多く，為替相場や気象の変動，原産国の政情等の影響にさらされています。これらの影響をコストダウンや製品の販売価格に転嫁できない場合，業績に影響を与えることになります。

▶ 3. 関係性の深い法規制

　スポーツ食品産業における法規制には以下のものが例示できます。法解釈の多様性によるリスクにさらされる危険性もあり，事業活動が制限された場合，業績に影響を及ぼす可能性があります。

　　①食品衛生法

②ＪＡＳ法
③健康増進法
④食品表示法
⑤薬事法
⑥知的財産法

▶ 4. 特有の会計処理

(1) リベートの会計処理

　食品メーカーや卸売業を営む企業においては，販売促進や協賛金などの名目で得意先に対していわゆるリベート（売上割戻）を支払うことがあります。会計制度委員会研究報告第13号「我が国の収益認識に関する研究報告（中間報告）− IAS第18号「収益」に照らした考察」によれば，「我が国では，いわゆるリベートの支払目的に関する多様な理解等を背景に，（リベートを）売上高から控除する事例と販売費及び一般管理費とする事例がある。リベートが顧客との販売条件の決定時に考慮されていれば，実質的には販売価額の一部減額，売上代金の一部返金という性格を有すると考えることができるため，得意先に対する販売促進費等の経費の補填であることが明らかな場合を除き，売上高から控除することが適切と考えられる」とされています。

　2021年4月1日以後開始される事業年度から企業会計基準第29号「収益に関する会計基準」が適用され，こうした考え方への対応が迫られています。スポーツ食品産業においても，リベートの会計処理（計上のタイミング・勘定科目）をどのようにするかは，取引の実態に合わせて検討がなされる必要があります。

仕訳例　−　金額が確定している場合

| （借）売掛金 | 95 | （貸）売上高 | 100 |
| （借）売上高 | 5 | | |

仕訳例　−　金額が確定していない場合（引当金の要件を充たす）

| （借）売掛金 | 100 | （貸）売上高 | 100 |
| （借）売上高 | 5 | （貸）リベート引当金 | 5 |

（2）棚卸資産の評価

　食品メーカーにおける製品在庫については，有効期限や賞味期限が設定されていることが多く，期限切れ間近となった製品は製品価値が低下しますので，「棚卸資産の評価に関する会計基準（企業会計基準第9号）」に従って，棚卸資産評価損の計上を検討する必要があります。スポーツ食品に関しても，通常の食品よりは有効期限は長い場合が多いと思われますが，製品在庫の評価については毎期決算ごとに行わなければなりません。

　ただし，食品メーカーは有効期限切れの棚卸資産は処分するのが通常ですので，結果として決算期末に有効期限を理由に多額の評価損が計上される可能性はあまり高くないかもしれません。

　スポーツドリンクの起源は1965年に生まれたゲータレードといわれています。米国のフロリダ大学のアメリカンフットボールチーム Florida Gators のために開発され，チーム名に飲料の意を示す ade を付けて "Gatorade" となりました。翌年，Florida Gators は快進撃を続け，同大学では初めて大学リーグの最高峰オレンジボールに進みます。注目を集めたゲータレードは，その後プロリーグのNFL でも使用され，1983年以降今日まで NFL のオフィシャルスポーツドリンクとなっています。なお，ゲータレードの製法に関する権利はストークリー・ヴァンキャンプ社に委譲され（現在はペプシコの傘下），大学側には多額のロイヤリティが支払われているそうです。

　日本でスポーツドリンク人気を決定的にしたのは，大塚製薬のポカリスエットです。ポカリスエットの誕生はゲータレードとは少し趣が異なります。大塚製薬の研究員がメキシコ出張でお腹を壊した際に，現地の医者から炭酸飲料を手渡され，後で栄養も摂るように言われたときに，水分を摂りながら栄養も一緒に補給できればいいのにと思っていたそうです。そして，別の機会に手術を終えた医者が点滴液を飲むのを見たことが繋がり，「飲む点滴」というアイディアが生まれました。

　その後，「飲む点滴」はあくまで健康飲料として開発が進められ，「飲む飲料」から「汗の飲料」となり，汗を意味する「スエット」に缶の色の青空を彷彿させる音の響きと語呂のよさから「ポカリ」をプラスして「ポカリスエット」として販売されました。1980年の販売当初はこれまでになかった味のせいか，なかなか店頭に置いてもらえませんでした。そこで，「サンプリング（試飲）無制限」という思い切った戦略を打ち出し，無料で配った本数は初年度だけで3000万本という地道なサンプリングの結果，発売から2年目で爆発的なヒットを記録します。

　スポーツドリンクには，エネルギーを補充するための糖質（ブドウ糖，果糖）と，持続性を補うミネラル類（クエン酸，アミノ酸，ビタミン）という2つの要素があります。スポーツドリンクが浸透するまでは，選手は競技の合間にお茶など自分のお気に入りのドリンクを飲んでいましたが（1980年代を中心にテニス界で活躍したジョン・マッケンロー選手は炭酸抜きのコカ・コーラを飲んでいたという逸話もあります），今では多くのスポーツ選手がスポーツドリンクを飲んでお

6

スポーツ食品ビジネス

り，オリジナルのスポーツドリンクをつくる場合も多々あります。1試合で大量
の汗をかくテニスでは，市販のものでは糖分が高すぎるため水を加えたり，塩と
同じ成分の電解質のタブレットを加えたりすることもあるそうです。マラソンも
こだわりの強い選手が多い競技です。マラソンランナー，川内優輝選手のスペシャ
ルドリンクのレシピは，豊嶋蜂蜜園のホームページで紹介されていましたが，水
1リットルに天然塩 1g〜2g，はちみつ 50g〜80g，レモン汁 20g〜30g，オレ
ンジジュース 100cc となっています。

　スポーツドリンクを製造する企業が選手をサポートしている例も多く見られま
す。例えば，森永製薬の in ゼリーは，錦織圭選手（テニス），太田雄貴選手（フェ
ンシング），高梨沙羅選手（スキージャンプ），木戸愛選手（ゴルフ）をシンボル
アスリートとしてサポートしていました。味の素のアミノバイタルのホームペー
ジでは，入江陵介選手（水泳），富樫勇樹選手（バスケ）など多くの選手・チー
ムが紹介されてきました。また，スポーツメーカーのアンダーアーマーの正規日
本ライセンシーである株式会社ドームはスポーツサプリメントブランド「DNS」
（ディーエヌエス：Dome Nutrition System）の商品開発・製造・販売を手掛
けており，柳田悠岐選手（野球），山田章仁選手（ラグビー），上野由岐子選手（ソ
フトボール）などに個別のトレーニングプログラムの開発や，トレーニングアド
バイスなど，総合的なサポートを提供してきました。

　大リーガーのイチロー選手はスポーツドリンクではなく，エナジードリンクの
ユンケル（佐藤製薬）を愛用していると 2009 年の WBC で話題になったことが
あります。今や世界的な人気を誇るレッドブル社の創業者は，雑誌で日本の高額
納税者リストの 1 位が大正製薬の経営者であることを知ったことが 1 つの契機に
なったといわれていますが，大正製薬といえば，「リポビタン D」を開発した企
業です。大正製薬のホームページを覗くと「世界のリポビタン」というコーナー
があり，各国の好みに合わせて少しずつ味が違う点や，オリジナリティのあるラ
ベルが存在する点など，斬新な情報を楽しむことができます。今や海外に行けば，
その国独自のスポーツドリンクや，エナジードリンクがあります。海外に行かれ
た際は，ご当地ならではのスポーツドリンクやエナジードリンクを旅先で見つけ
て楽しんでみてはいかがでしょうか。

■参考文献

味の素株式会社（2015）「有価証券報告書」3月期

江戸川大学スポーツビジネス研究所編著（2008）『SpoBiz ガイドブック '08 - '09』プレジデント社

大塚ホールディングス株式会社（2014）「決算説明資料」12月期

大塚ホールディングス株式会社（2014）「有価証券報告書」12月期

新日本有限責任監査法人編（2011）『業種別会計実務ガイドブック』税務研究会出版局

日本公認会計士協会（2009）「会計制度委員会研究報告第13号 我が国の収益認識に関する研究報告（中間報告）―IAS 第18号「収益」に照らした考察―」

明治ホールディングス株式会社（2015）「決算・中長期経営計画説明資料」3月期

明治ホールディングス株式会社（2015）「有価証券報告書」3月期

森永製菓株式会社（2015）「有価証券報告書」3月期

森永製菓株式会社（2015）「「決算説明会」資料」3月期

有限責任あずさ監査法人編（2010）『業種別会計アカウンティングシリーズ2 食品業の会計実務』中央経済社

味の素株式会社 商品情報サイト「アミノバイタル」

大塚製薬株式会社 ホームページ

株式会社富士経済 ホームページ「スポーツサプリメントからダイエット食品まで アクティブ＆ウェルネスフーズ市場2015」

株式会社明治 ホームページ

ゲータレード ホームページ

ゴルフダイジェストブログ「「点滴」を飲んで猛暑対策？石川遼の元気の秘密は特製ドリンク」2010年9月20日更新

杉山愛ブログ「第209回 選手が試合中に摂る飲み物のあれこれ」2015年6月11日更新

大正製薬 ホームページ

東京都福祉保健局 ホームページ

豊嶋蜂蜜園 ホームページ（2016年当時）

日本コカ・コーラ ホームページ

ポカリスエット ホームページ

森永製菓株式会社 ホームページ

7
スポーツメディアビジネス

▶ 1. ビジネスの概要

　日常的に楽しむスポーツからプロスポーツ，オリンピックに至るまで，スポーツに関する情報は，さまざまなメディアを通じて提供されています。その結果，競技者の能力向上やファン層の拡大によって，スポーツとメディアは相互に協調しつつ発展を遂げてきました。スポーツに関する情報の例は以下のとおりです（図表7−1）。

　以下では，関連ビジネスの区分別に紹介していきます。

図表7−1　スポーツに関する情報の例

メディア媒体	具体例	関連ビジネスの区分
書籍，雑誌	特集記事	(1)　放送ビジネス (2)　出版ビジネス (3)　広告ビジネス (4)　肖像権ビジネス
ＣＤ，ＤＶＤ	競技指導用動画	
テレビ・ラジオ放送	スポーツ中継，スポーツニュース	
インターネット配信	同上	
ゲーム	ゲームソフト	

（1）放送ビジネス

　スポーツメディアビジネスとしてまず挙げられるのが，テレビ・ラジオ等の放送ビジネスです。放送ビジネスにはさまざまな分類方法が考えられますが，ここでは①無料放送事業と，②有料放送事業に大別します。

①無料放送事業

　無料放送事業者は，視聴者から受信料を徴収せず，自社の製品・サービスを宣伝したいスポンサーから広告宣伝費をコマーシャル放送の対価として受け取り，収益を獲得しています。放送事業者は，受け取った対価をもとに番組の制作，電波放送を行っているため，視聴者は無料で番組を観ることができます。コマーシャル収入に頼った無料放送では，番組制作においてスポンサーの意向や視聴率がより意識されるかもしれません。また，景気を反映した企業の広告出稿の動向が，直接業績に影響します。そのため，番組構成についても，例えば，オリンピックやW杯，各世界選手権，プロ野球日本シリーズ，Jリーグチャンピオンシップなど，人気がある大規模イベントに集まりやすい傾向があります。

②有料放送事業

　有料放送事業者は，加入契約者に番組を配信し，その対価として加入契約者から加入料や視聴料を受け取っています。そのため，スポンサー企業の動向等に影響されずに，より視聴者を意識した番組制作が可能です。このことから，番組構成についても多種多様化しており，例えば，国内最大4チャンネルのスポーツテレビ局であるJSPORTSでは，野球，サッカー，ラグビー，格闘技，モータースポーツ，サイクルロードレース，ウィンタースポーツなど，世界中のさまざまなスポーツを多彩なプログラムで楽しむことが可能です。視聴者の嗜好・価値観の多様化した現代において，有料放送事業が果たす役割は大きいといえます。

（2）出版ビジネス

　次に，雑誌，書籍，DVD等の出版ビジネスが挙げられます。その特徴は以下のとおりです。

①広告収入と販売代金の混在

　雑誌の場合，出版事業者は広告を募集し，スポンサーから広告料を受け取るとともに，取次店から販売代金を受け取っています。一方，書籍，DVDの場合は広告を掲載せず，取次店から販売代金のみを受け取っているのが一般的です。

②流通時の業界慣行

　一般的に，出版物は新刊であれば印刷会社・製本所から直接取次店へ発送が行われ，取次店を経由し全国各地の書店に配本されます。その際の特徴的な業界慣行として，再販制度（再販売価格維持制度）と委託販売制度があります。

　再販制度とは，出版物の値崩れを防ぐための制度であり，出版社が出版物を販売する際に，「取次店がその商品を書店に販売する価格」，「書店が消費者に販売する価格」を指定し，その価格を取次店および書店に遵守させる制度です。これにより，出版物を全国均一価格で販売することが可能となります。

　委託販売制度とは，一般的な委託販売とは異なり，出版社が取次店および書店に配本した出版物について，配本後，約定期間内に限り返品を受け入れることを条件とする販売制度です。したがって，返品条件付販売という点を除くと，通常の販売契約と変わりはありません。これにより，書店は売れ残りによる在庫責任をもたないため，店頭での出版物の品揃えを充実させることが可能となります。

（3）広告ビジネス

　上述のとおり，放送ビジネスや出版ビジネスといったスポーツメディアビジネスはスポンサーが支払う広告宣伝費を収益基盤としており，広告ビジネスと密接な関係にあります。また，スポーツイベントを開催する際も，企業は主催者とスポンサーシップ契約や広告協賛契約を締結し，メディアを通じて発信していることから，広告宣伝活動は重要な位置づけを占めています。広告ビジネスの特徴は以下のとおりです。

①広告代理店の介在

　広告代理店を利用することにより，事業者は，数多くあるスポンサー企業と直接交渉を行う事務負担の軽減を図ることができます。一方，スポンサー側においてもノウハウのある広告代理店を利用することにより，テレビ，雑誌，新聞，インターネット等多様化している広告宣伝媒体の中で効率的な資源配分を図ることができるメリットがあります。

　広告会社の報酬の形態はさまざまなものがありますが，代表的なものとして，コミッション制度とフィー制度が挙げられます（図表7-2）。

図表7-2　コミッション制度とフィー制度と業態の対応関係

報酬の形式	採用する業態	概要
コミッション制度	メディア・バイイング	広告主と媒体社との間の媒体取引額の一定率を手数料として広告主に請求する方式
フィー制度	クリエイティブ アカウント・プランニング マーケティング等	広告会社で発生した原価（人件費，外注費，その他諸経費等）に一定の利益を上乗せして，広告主に請求する方式

　日本においては，広告会社の受け取る報酬は，一般的に「手数料」と呼ばれており，手数料率はメディアの種類や媒体社，広告主との関係によっても違ってきますが，一般的には，10%から20%程度といわれています。

　ただし，「手数料」という呼ばれ方はしているものの，広告主に対して料率が明示されているわけではなく，また，媒体取引における広告会社の役割も，単なる媒体社と広告主の代理人に留まらず，クリエイティブやセールスプロモーション等の関連するサービスを提供することも含んだ請負契約的な側面もあり，純粋な手数料（コミッション）とは少し性質の異なるものと考えられます。

②テレビ放映権の取引

　広告会社が権利元からテレビ放映権を仕入れて，テレビ局に販売するという取引が行われることがあります。特に，近年は国際的なスポーツ大会のテレビ放映権が高値で取引されるようになっています。テレビ放映権取引の法的形式は，以下のとおりです（図表7-3）。

図表7-3　テレビ放映権取引の法的形式

形式	採用する業態
権利売買方式	権利元から広告代理店が権利を買い取り，それを放送局に転売する方式
ライセンス方式	権利元から広告会社がテレビ放送のライセンスを受け，それを放送局にサブ・ライセンスをする方式。取引対象が重要となるほどライセンス方式を採用する傾向がある

　一般的に，広告料（スポンサー料）等のライセンス方式の場合，権利者がライセンス契約に基づき，使用許諾を受ける者から返還不要のライセンス料であるミニマムギャランティー（最低保証金）を前受けし，一定の基準を超えると使用量等に応じて追加的にライセンス料を受け取る場合があります。

　しかし，テレビ放映権の販売価額は定額となるケースが多く，歩合制の形を取ったり，ミニマムギャランティー（最低保証金）が設定されたりするケースは稀であると考えられます。

　なお，スポーツ競技の国際大会等の場合には，将来開催される予定の大会を生放送する権利が取引の対象となることもあります。近年，オリンピックやサッカーW杯のように日本国外で行われる世界的なスポーツイベントの放映権料が高騰していることを受け，日本放送協会（NHK）と日本民間放送連盟は共同放送機構であるジャパンコンソーシアム（JC）を組織し，共同して放映権を取得しています。

▶ 2．特徴的なビジネスリスク

（1）放送ビジネス

①無料放送事業

　スポンサーは多くの視聴者に自社のコマーシャルを観てもらい，効率的に広告宣伝活動を行いたいと考えています。そのため，多くの視聴者が観る（視聴率の高い）番組に放送されるコマーシャルは，広告価値が高くなり，より高い放送収入を得ることが可能となります。そのため，視聴率が低下すると，収益減少に直結するリスクがあります。

②有料放送事業

　有料放送事業は，視聴料の料金体系は，月額で設定されている場合の他，番組ごとに決められている場合（ペイ・パー・ビュー方式）があり，加入者獲得のための割引等が行われる場合もあります。そのため，有料放送では加入契約者の増減が，収益構造に重要な直接的な影響を与えるというリスクがあります。したがって，広告宣伝等による加入者の獲得・維持や，解約件数を抑えるための魅力的なサービスコンテンツの継続的な提供が必要となります。また，有料放送事業では，取引先が個人であるため，契約の相手先が多数となります。顧客ごとの債権管理（延滞管理等）をどのように行うのかも重要なテーマです。

（2）出版ビジネス

　出版科学研究所が発行している『出版月報』では，毎年1月号に出版物（書籍・雑誌合計）の推定販売金額を記載しています。2020年1月号によると，紙市場では，2015年は1兆5,220億円であり，2019年は1兆2,360億円と以前からの減少傾向が続いています。その一方で，電子出版市場規模は2015年は1,502億円でしたが，2019年には3,072億円と増加しています。このように，出版ビジネスでは，書籍・雑誌から電子出版へのシフトが続いています。

その他，再販制度が採用されているため，出版物の定価は維持され，大きな販売価格の下落は見られていませんが，時間の経過とともに掲載内容は陳腐化し，販売可能冊数が減少していく可能性は高まります。また，委託販売制度により，出版物の一部が出版社に返品され，損失が生じるリスクがあります。

（3）広告ビジネス

広告会社は，広告取引について，広告主の代理人としてではなく，自社の責任で媒体社（メディア会社等）と取引を行うことが慣行となっています。そのため，広告主の倒産や未払い等によって広告料金を回収できなかった場合には，広告会社が媒体料金や制作費を負担するリスクがあります。

また，広告業界においては，さまざまな事情により，広告計画や内容に突然の変更が生じることが少なくありません。そのため，柔軟かつ機動的に対応できるよう，継続的な取引関係が成立している広告主との間であっても，個別取引に関する書面は存在するものの，基本契約書等を締結していないことが一般的です。そのため，取引関係の内容，条件等について疑義が生じたり，これをもとにトラブルが生じたりするリスクがあります。

また，海外においては，欧米を中心に，広告会社が同一業種に属する複数の広告主を担当しない「一業種一社制」と呼ばれる慣行があります。しかし，日本では，このような慣行は一般的でなく，同一業種に属する複数の主要企業を顧客としています。実際に2020年東京オリンピック・パラリンピックの大会スポンサーにおいても，同一業種であっても複数の主要企業がスポンサー契約を結んでいる例が散見されます。その結果，主要な広告代理店が強大な媒体力をもち，オリンピック等のスポーツイベントの広告取引もほとんどが大手広告代理店を通して行われています。しかし，欧米の広告主，広告会社が日本に進出しつつある昨今の状況に鑑みると，これらの取引形態および報酬構造や報酬決定方法が日本の取引慣行に影響を与えるかもしれません。

▶ 3. 関係性の深い法規制

（1）著作権法

　スポーツメディアビジネスは，スポーツに関する著作物を制作し，ユーザーに提供するビジネスであり，著作物は法的に保護される必要があります。例えば，スポーツの試合を撮影したビデオテープ，フィルム，デジタルデータ等の映像は，「映画の著作物」として，著作権保護の対象となります。また，生放送についても，「生中継と同時に録画されている」場合は同様の取り扱いとなります。そのため，「映画の著作物」については，テレビ局等の放送事業者が，放送等に関する著作権を占有することとなります。

　また，出版ビジネスにおいては，著作者が権利保護の対象になるとともに，著作物を文書または図面として出版することを引き受ける者に対し出版権を設定することが可能です。

（2）放映権

　現代のスポーツビジネスにおいては，オリンピックやW杯等の世界的なメガスポーツイベントで巨額の放映権料が発生することが少なくありません。わが国においては，スポーツの試合の映像を放送またはネット配信すること自体に関する権利である放映権については，成文法で直接保護されているわけではなく，競技場施設の施設管理権や，選手の肖像権を根拠として，解釈によって保護されていると考えられます。また，各競技団体においても，放映権についての規定が設けられている場合が一般的です。

▶ 4. 特有の会計処理

(1) 放送ビジネス

①収益認識

ⅰ）無料放送事業

　収益認識については，企業会計原則で規定されている実現主義の原則に従い，「財貨の移転または役務の提供の完了」および「現金または現金等価物その他の資産の取得による対価の成立」の2要件を充足する必要があります。

　無料放送事業の場合，放送事業者はスポンサーのコマーシャルに応じて放送収入を獲得します。通常，コマーシャルの放送完了をもって上記要件をともに満たしていると考えられるため，コマーシャルの放送完了時に収益が計上されます。

　なお，契約が長期間に亘る場合には，時間帯による販売価格のテーブル等に基づき，契約金額を按分して売上計上することも考える必要があります。

ⅱ）有料放送事業

　有料放送事業の場合，事業者は，加入料および視聴料を受け取ります。

　加入料については契約成立時に一括して収益を認識する実務が行われています。これは，契約成立時において加入料が発生し，加入契約者への債権が確定するとともに，加入料に対応する役務の提供も完了して収益が実現したものとする判断に基づいていると考えられるためです。

　視聴料については，月額視聴料が定められている場合には月割計上します。また，視聴者が番組を選定して視聴できるペイ・パー・ビュー方式の場合には，視聴者が番組をダウンロードした時点で番組視聴に関する契約が成立し，収益計上されます。このように契約の実態に即した収益認識を検討する必要があります。

②番組勘定

番組を制作するための番組制作費については，番組勘定として計上されます。番組勘定は，会社が営業目的である放送収入を獲得するために短期的に消費されるものであるため，棚卸資産として取り扱われるのが一般的です。

また，番組勘定の費用化については，初回放送（オンエア）時に一括して全額を費用処理する方法，法人税法の映画フィルムの償却に準じて費用処理する方法（税法基準），放送予定回数を基準とする方法，放送可能期間を基準とする方法等，さまざまな方法が考えられるため，番組の特性や二次利用の有無，ライセンス契約の内容等を考慮し，実態に応じて，放送事業収入に合理的に対応させる必要があります。なお，税法基準以外の方法を採用した場合は，税務申告上，調整が必要となります。

一方，番組勘定に対応する将来の放送収入が見込めなくなったり，大幅に減少した場合には，企業会計基準第9号「棚卸資産の評価に関する会計基準」に従い，将来の放送予定の有無や滞留期間等に応じて評価減を実施する必要があります。

(2) 出版ビジネス
①返品調整引当金

出版ビジネスでは，再販制度（再販売価格維持制度）と委託販売制度が採用されています。そのため，出版物が取次に引き渡された時点または倉庫から出荷された時点で売上計上し，委託期間内の返品に伴う損失リスクに備えて返品調整引当金を計上してきました。

法人税法では，出版業またはその取次業で，無条件の買戻し特約を結んでいる，または慣習により特約があると認められる場合には，返品調整引当金として，次の2つの基準による損金計上限度額より選択して損金算入することができます。

スポーツメディアビジネス

ⅰ．売掛金基準

　当期末売掛金の帳簿価格の合計額×返品率[※1]×売買利益率[※2]

ⅱ．売上高基準

　当期末以前2ヵ月の売上高の合計額×返品率[※1]×売買利益率[※2]

$$※1　返品率　=\frac{当期及び前期の返品高}{当期及び前期の総売上高}$$

$$※2　売買利益率　=\frac{当期純売上高-売上原価-販売手数料}{当期純売上高}$$

②単行本調整勘定

　法人税法上，出版業を営む法人が各事業年度終了時において有する単行本のうち，その最終刷後6ヵ月以上を経過したもの（取次業者または販売業者に寄託しているものを除く）がある場合には，当該事業年度終了時における売れ残り単行本の帳簿価額の合計額に一定の繰入率を乗じた金額以下の金額を，当該事業年度において損金経理により単行本在庫調整勘定に繰り入れることができます。

　実務上は，営業循環過程から外れた滞留または処分見込等の棚卸資産の期末評価については，上記単行本調整勘定を準用する，または，適正と考える在庫回転率を設定し，これを超える部分について帳簿価額を切り下げる，一定期間において増刷のないものについては帳簿価額を切り下げる等の方法が採用されています。

（3）広告ビジネス

①媒体枠の買切り

　媒体枠の買切りとは，特定の広告主からの受注に紐付かない，一定単位の媒体枠を媒体社から買い取ることを約する契約をいいます。一定数量以上を

まとめて仕入れる取引であるため，仕入単価は安くなるものの，特定の広告主からの受注に紐付いていないため，広告会社にとってはリスクの大きい取引といえます。

　買い切った媒体枠について，将来損失が見込まれる場合，すなわち，将来において買い切った媒体枠が売れ残る可能性が高い，または，仕入価格より低い価格でしか販売できない可能性が高い等の理由で，契約全体として損失となる可能性が高い場合は，損失見込金額を合理的に見積もって引当金を計上することが必要と考えられます。

Column　スポーツと報道

「報道」という言葉とともに「公正」「公平」「中立」などの言葉が使われることがあります。しかし，ものの見方や考え方はさまざまで，報道のあり方というのは常に議論が続く難しい領域でもあります。ましてや，報道の対象が多くの人の熱い想いが寄せられるスポーツとなるとさらに複雑です。そもそも，勝敗を競う複数の選手やチームがいて，そのいずれかをひいきにして応援する人がいて，さまざまな想いで競技を視聴する多くの人がいる中で，文字通りの「公正」「公平」「中立」なスポーツ報道があると考えること自体に無理があるのかもしれません。私も，通勤途中や自宅でスポーツ報道を楽しんでいますが，真っ先に自分の応援する選手やチームのニュースを探してしまいます。

例えば，国際大会に目を向けてみましょう。サッカーW杯の国内報道では，必然的に日本チームや日本代表選手にスポットが当たります。マスターズなどのゴルフ中継では，日本人選手を中心に追いかけ，マラソン中継でもトップ争いより日本人選手がいる集団が頻繁に映されます。それは視聴者の大半が日本人で，日本を代表する選手やチームに関心をもっているのですから，当然のことかもしれません。意図的であるにしろ，意図的でないにしろ，スポーツは愛国心や郷土愛を育みます。自国の国旗を掲げ，自国を大声で叫び，自国の勝利を喜び合えば，否が応でも愛国心が高揚します。

時にはスポーツ報道にその時代の社会的問題が反映されることもあります。例えば，バックグランドの異なるさまざまな選手で構成されたサッカーの代表チームが移民問題に関連して報道されたことがありました。

国内でもさまざまな文化的背景が報道に反映されています。例えば，逆境を乗り越えて勝利に至るまでの経緯を感動的なストーリーとして紹介する報道をみることがあります。困難を乗り越え，努力と創意工夫によって何かを得る姿は，スポーツというものを超えて私達の心に訴えます。その一方で，パラリンピックの報道のあり方に疑問を呈する声もあります。

スポーツを報道するにあたっては，消費者の関心を惹くためにさまざまな努力が行われています。報道を利用する消費者が日常において関心のある精神的，社会的，政治的問題に重ねて報道すれば，たとえそれがスポーツそのものとは直接

関係がなくても，視聴者を惹きつけることができるでしょう。報道機関も経済的
利益の追求を無視することはできませんし，そうした顧客が関心をもつような報
道の仕方を工夫することは当然の企業努力の1つでしょう。また，多くの人に関
心をもってもらうことは，スポーツの発展に欠かせない大切な要素であり，さま
ざまなスポーツ報道がそれに大きく貢献していることは間違いありません。しか
し，時にそれが行き過ぎてしまうと，純粋にスポーツを楽しみたいと思っている
消費者が離れてしまうかもしれません。

　また，消費者の関心を惹くための報道の工夫自体が，時に選手を困惑させるこ
ともあります。それもあってか，選手たちも，マスメディアを介さずにソーシャ
ルメディア等を利用して自ら情報を発信するようになりました。

　このようにスポーツの報道は常に課題との隣り合わせであり，継続的な検証が
重要だと考えられます。

　また，IT の発達はスポーツの伝え方にさまざまな変化を及ぼしています。撮影
にはドローンを駆使してこれまでにない角度での映像を提供し，中継中にさまざ
まなデータを分析して紹介したり，バーチャルリアリティ（VR）を使って映像や
音響をより楽しめるようにしたりするなど，スポーツの臨場感を伝える技術の発
達には目覚ましいものがあります。発展するスポーツメディアビジネスの今後の
動向から目が離せません。

■参考文献

一般社団法人日本新聞協会（2000）「新聞倫理綱領」6 月 21 日制定
國安耕太（2014）「スポーツ中継映像にまつわる著作権法の規律と放送権」『月刊パテント』
　　Vol.67
公益社団法人全国出版協会・出版科学研究所（2016）『出版月報』1 月号
新日本有限責任監査法人（2011）『コンテンツビジネスの会計実務―IFRS 対応版』東洋経済
　　新報社
有限責任あずさ監査法人（2010）『業種別アカウンティング・シリーズ 9 コンテンツビジネス
　　の会計実務』中央経済社

第Ⅲ部　ビジネス別の論点

8 スポーツイベントビジネス

▶ 1. ビジネスの概要

(1) スポーツイベントの分類

　一口にスポーツイベントと言っても，その規模やレベルは多岐に亘ります。オリンピックのように世界各国からアスリートが集い複数競技の勝敗を競うものから，東京マラソンのように特定種目を特定地域で開催するもの，さらには町内会で行われる運動会のようなものまで，すべてスポーツイベントということができます。さらには，スポーツイベントは民間，産業，行政等が相互に関連し，地域振興等の目的にも活用されるため，その形態は非常に幅広いものとなっています。分類の方法もさまざまですが，1つの方法として開催の目的，種目，規模の3軸で分類する笹川スポーツ財団の分類方法を図表8-1で紹介していますのでご参照ください。

図表8-1　スポーツイベントの分類と主な大会例

	トップスポーツイベント		生涯スポーツイベント	
	総合種目開催型	種目別開催型	総合種目開催型	種目別開催型
国際レベル	オリンピック	FIFAワールドカップ	ワールドマスターズゲームズ	東京マラソン
複数国レベル	アジア競技大会	四大陸フィギュアスケート選手権	アジア太平洋ろう者スポーツ大会	日豪親善ジュニア・ゴルフ大会
全国レベル	国民体育大会	全国高等学校野球選手権大会	全国スポーツ・レクリエーション祭	全国シニアサッカー大会
地域レベル	全日本学生選手権予選	東京六大学リーグ	都民体育大会	九州少年ラグビー交歓会

出所：笹川スポーツ財団『スポーツ白書2014～スポーツの使命と可能性～』より抜粋。

(2) スポーツイベント企画の業務フロー

　スポーツイベントの企画運営に関する業務は，イベント準備段階からイベント会期中，イベント終了後に亘り下記のような過程が挙げられます。多岐に亘る業務が求められることから，スポーツイベント企画を行う団体には企画力と実行力，外部委託業者との調整力が求められます。

①イベント企画立案

　設定されたイベント目的を達成するための企画立案を行います。イベント全体のテーマ，方向性を詳細な企画書に書き下ろします。

　イベント詳細を詰め，各外注業者への発注等も行います。イベントの採算性も検討して企画する必要があります。

②会場設営

　イベントを行う会場の設営を行います。イベント全体の企画に沿うように会場や周辺のデザインを策定し，セットの組み立て，音響設備の搬入，照明の設置，客席の整備設置，看板や装飾等を行います。小規模イベントの際にはイベント企画者が自ら行うこともありますが，一定規模以上の場合は専門業者に外部委託するケースが多くみられます。

③広告宣伝

　スポーツイベントに関する広告宣伝を行います。チケット収入を得るためにはイベントの存在を広く周知し，より多くの人の興味を喚起してイベントへ来場してもらう必要があります。そのためイベントそのものについての告知の他，競技種目や選手の魅力を伝え多くのファンを獲得することも必要となります。また，スポーツイベントそのものの魅力を高めることで協賛企業を獲得することも可能となります。広告宣伝は広告代理店等へ委託することもありますが，広告代理店業を営む企業自身がイベント企画を行うケースも多くありますので，その場合には自社で行うことになります。

④催事興行

チケットの販売，開催当日の会場・競技運営，観客誘導，警備，物販等を行います。多くの外部委託業者が関与することとなりますので，その調整を行い，また当日発生するアクシデントを最小限に防ぐ必要があります。

⑤会場撤去

イベント終了後，会場として使用した施設等からセットや機材を搬出し，原状回復します。会場設営を行った企業等が行うことが多くみられます。

上記にスポーツイベント企画を行う企業に直接関与するイベント運営業務を挙げましたが，その他にも大会規模によっては会場周辺の宿泊施設や交通機関などにも大きな影響を与えることとなります。イベント企画を行う際にはそのような間接的に運営にかかわる業種とも連携を図る必要があります。

(3) スポーツイベント企画の収入構造

スポーツイベントは，開催目的，種目，規模ごとにさまざまな種類があります。そのため収入構造もイベント種類ごとに異なるものとなります（図表8-2）。

図表8-2　スポーツイベントの収入項目例

収入項目例	内容
チケット収入	スポーツイベント会場での観戦チケットに関する収入
協賛金収入	スポンサー企業等からの収入 スポンサー企業には自社ホームページやグッズ等でイベントロゴやエンブレムの使用，イベント会場での看板広告の掲出等が認められるケースが多い
助成金，寄付金等	イベントに対する国や地方自治体，あるいはスポーツ団体，財団等から得られる助成金等
放映権収入	ＴＶ・ラジオ・インターネット放映権等に関する収入
物販収入	イベントに関するパンフレットやグッズ，飲食物等の販売収入

（4）スポーツイベント企画の費用構造

　図表8-3では，スポーツイベントに関連して発生する主な費用を列挙しました。イベントの種類，規模によって発生する費用項目，名称，費用間の構成比率は異なります。

図表8-3　スポーツイベントの費用項目例

費用項目例	内容
会場費	会場の施設使用料等
設営費	会場設営，撤去の際に必要となる機器や設備の運搬，設置，リース費用等
会場運営費	イベント実施時の観客やメディアの対応，警備等
競技費	競技用設備の準備，審判，医療チーム等
広告宣伝費	イベントの告知，メディア用資料作成，媒体広告費等
マーケティング費	チケット販売費，物販用グッズ制作費等
その他	輸送費，交通費，宿泊費，通信費，事務局運営費，諸謝金，日当，保険代等

▶ 2. 特徴的なビジネスリスク

　スポーツイベントはライブエンターテインメントであることから，イベント開催当日のリスク管理がイベント全体の成否を大きく左右することとなります。イベント企画ビジネスに関するビジネスリスクとしては例えば下記が挙げられます。

（1）イベント開催時の天候リスク

　屋外競技である場合，競技種目によっては天候不順時決行不能となることがあります。天候不順のため延期となる場合に備えて予備日を含めて会場施設の予約を行ったり，急遽使用期間を延長する等，追加コストが発生することがあります。また，延期せず中止となるケースも考えられ，そのような場合には販売済チケットの払い戻しに対応する必要が生じるリスクがあります。

　また，天候不順でも競技自体が実施される場合にも観客動員数が減少したり，グッズやイベント会場へ出張し，会場で飲食物を提供するケータリングサービスの販売に影響を及ぼしたりするリスクが考えられます。その他，天候によっては競技内外において想定外の事故等が生じる可能性があります。

(2) 業界慣行によるリスク

　イベント企画後，制作，運営準備の過程においてイベント主催者等から追加発注や仕様変更の要請が行われるケースが業界慣行として少なくありません。そのような場合，予算に含めていない追加費用の発生等が生じるリスクが考えられます。また，当初計画と異なる設営や運営を求められたために外部委託業者が対応不能となったり，強い負荷を求めることになるため，イベントの質が不安定となるリスクが考えられます。

(3) 社会情勢，景気変動によるリスク

　スポーツイベントは娯楽的側面があることから，社会情勢や景気変動によって開催回数や規模が大きく変動します。企業業績が好ましくない場合，協賛企業数が減ったり，協賛額が減らされたりします。また不景気の際には参加者数も減ることが予想されます。一方で好景気や健康ブームが到来しているような場合には競技人口も増え，イベント参加者が増加することもあります。また，オリンピック等の大規模国際大会自体の報道やスター選手の登場がメディアで大々的に取り上げられ，競技の人気が急騰することもあります。

(4) 季節変動リスク

　スキーやスノーボード，スケートといった冬季スポーツ，水泳やビーチバレーといった夏季スポーツといったように，季節が限定される競技があります。また，実施する季節を問わないマラソンやゴルフといった競技であっても，地域によっては大雪に見舞われるため冬季の実施が不能であったり，熱

中症等体調不良を引き起こすリスクがあるため真夏時期の開催は見送られるなど，季節によってイベント開催回数が変動します。そのため，売上が季節によって変動しやすいと考えられます。

(5) 資金繰りのリスク

イベント業は労働集約型産業であることから，外部委託を含む人件費が非常に大きなウエイトを占めることとなります。そのため支払サイトはあまり長期に設定することはできず，短期間での支払いを要することとなります。一方，収入については業界慣行として入金サイトが長く設定されている場合が多くみられます。またイベントの準備の段階で正確な費用を見積もることが難しい一方で，チケット収入など実際に開催しないとわからない資金源もあります。したがって資金ショートに陥らないように慎重に資金繰りを考えなければなりません。

▶ 3. 関係性の深い法規制

スポーツイベントは多方面に業務が及ぶことに伴い，関連する法規制等も多様となります。

会場施設については公園法や建築基準法，消防法等が関連し，またイベント運営に際しては興行場法やスポーツ基本法，物販等に関連する食品衛生法，会場周辺の警備等に関連する道路交通法が挙げられます。その他，イベント規模によっては環境等に配慮する必要が生じる場合もあります。

また，法規制ではありませんが近年イベントに関連して注目される取り組みとして「ISO20121」が挙げられます。これは国際標準化機構（ISO）が2012年6月に発行した「イベントマネジメントの持続可能性に関する国際標準規格」とされるもので，イベント産業の持続可能性をサポートするためのマネジメントシステムとして策定されました。2012年のロンドンオリンピック・パラリンピック，2016年のリオオリンピック・パラリンピックに

続いて，2020 年東京オリンピック・パラリンピックでも適用されています。

「ISO20121」ではイベントを環境・社会・経済のバランスがとれた大会として運営することでスクラップ＆ビルドではない持続可能性をサポートできるように構成されています。環境への取り組みとしては，環境負荷や生物多様性への提言・取り組みにより評価されます。例えば自然環境への影響を最低限に抑える方策や会場周辺の清掃イベント等が盛り込まれます。社会性の視点では，イベントが地域社会と連携して行われ，その結果が地域社会のスポーツ振興等へ繋がるような取り組みが評価されます。最後の経済性の視点では，イベント自体の健全な経営・運営およびその結果として地域社会へ経済的波及効果をもたらすような取り組みが評価されます。

「ISO20121」を取得することでイベント自体の質を維持向上できる他，イベントのブランドイメージ向上に資することとなり，協賛企業も CSR 活動の 1 つとして位置づけることも可能となります。当規格はオリンピックのような国際イベントのみならず市民大会や地域運動会等にも適用可能であり，またイベント主催者のみならずイベントに間接的に関与する宿泊施設や交通機関も適用するメリットがあるものとされています。

▶ 4. 特有の会計処理

スポーツイベント企画産業は受注イベントごとにその性質，内容等が異なり細かく企画・整備・実行されることから，個別受注産業の性質を有しています。

(1) 収益認識

企業会計原則において，収益の認識は実現主義によることが示されています。また，実現主義のもとで収益を認識するためには，一般に「財貨の移転または役務の提供の完了」と，それに対する現金または現金等価物その他の資産の取得による「対価の成立」が要件とされていると考えられています。

イベント企画ビジネスにおいてビジネスの目的は一般にイベントの終了のときをもって果たされると考えられます。そのため，収益認識要件の1つである役務の提供が完了するのはイベントの終了日とされるケースが多くみられます。チケット販売や協賛金の入金の都度計上する現金主義での計上は多くの場合認められないことに留意する必要があります。

なお，イベント開催期間が長期に亘ったり，イベントの開催期間自体は短いもののその準備期間が1年を超える等の場合には，進行基準を用いて売上を計上することが考えられます。実際，オリンピックやW杯といった開催準備や予選に長期間を要するスポーツイベントでは，IFRS等それぞれが準拠する会計基準に基づき，収益について進行基準の適用や認識の繰延を行っています。

(2) 費用の計上

進行基準を用いて売上を計上する場合を除き，一般にスポーツイベントではイベント単位ごとに計上される売上に対応するように費用を計上します。そのため，イベントごとに収入金額と発生原価を集計，個別原価計算によって損益管理を行います。

担当者が複数のイベントを担当していたり，外注先に委託した業務が複数イベントに関連するような場合には直接作業時間や見積書による工数見積り等合理的な配賦基準によって配賦して費用を集計する必要があります。

(3) 棚卸資産の計上

棚卸資産には，商品，製品，半製品，原材料，仕掛品等が該当します。スポーツイベント企画産業では商品や製品が多額に計上される可能性は低いですが，仕掛品としての未成業務支出金が計上されることがあります。

未成業務支出金はイベントの終了は未到来であるものの，当該イベントに関連して人件費や材料購入費，事務局運営費等の原価が発生している際に，費用と収益を対応させるために貸借対照表に計上されます。イベント終了時

に売上が計上されるタイミングで費用として計上することが可能となるよう，売上と紐づけて管理する必要があります。

（4）受注損失引当金の計上

受注産業において受注案件の見積り総原価が受注額を上回る赤字案件となる見込みとなった場合，赤字案件となることが判明した期間に，当該赤字見込額を受注損失引当金として計上することが求められます。

なお，状況によっては受注損失引当金の計上ではなく未成工事支出金（仕掛品）に対する評価損として赤字見込額を処理することも考えられますのでご留意ください。

（5）プロジェクトベース予算管理

制度会計とは異なりますが，スポーツイベントにおいては予算管理が大切となります。これは，開催までに複数年に亘って準備期間を要するイベントにおいては，プロジェクトを通じた財務プランを適切に管理し，収支均衡を保つ必要があるためです。

スポンサーからの協賛金等の入金は本大会開催の数年前より行われるのに対して，必要経費の発生や支払いは本大会直前に生じることが多くなります。制度会計上は上述したように進行基準を用いて収益計上する必要が生じる可能性がありますが，予算管理上は単年度の損益計算の他に，プロジェクトベース予算に基づき「支払ベース」「契約ベース」での管理を行うことで最終収入・費用の早期予想が可能となります。

Column　スポーツと教育

　スポーツと学校教育は切っても切れない関係にあるといえるでしょう。イギリスで醸成されたスポーツは，パブリックスクールという上流階級子弟のエリート養成を目的とした学校で教育の重要な方法として取り入れられ，そこからスポーツと教育の密接な関係が始まりました。当時のパブリックスクールは，およそ8，9歳から20歳ぐらいの少年や青年が通うイギリスの私立のエリート校でした。もともとは貴族家系のための学校として存在していましたが，その後の工業化の進展で18世紀以降台頭した中流階級上層の子弟を多く受け入れるようになり，パブリックスクールという学校のあり方そのものが大きく様変わりして行くこととなります。そのような時代の流れとともに，それまでは粗暴で野蛮だという理由で実施されていなかったフットボール（ラグビー・サッカーの原型）等のスポーツが，19世紀半ば以降では子ども達の人格を形成する上で有効な教育手段として認められるまでになり，課外で盛んに奨励されていくことになりました。

　このような歴史を経て，スポーツは強健な身体，忍耐力，自己犠牲や集団精神，フェアプレーの精神を養うための教育手段として考えられるようになり，広く受け入れられるようになりました。

　スポーツによって心身ともに強健な人間が創られるとする考え方は，第一次世界大戦頃までイギリスで強く受け入れられており，それを参考にした日本の旧制中学校・旧制高等学校の課外活動にも大きな影響を及ぼしました。1872年の学制公布と同時に「体育」が教育科目として取り入れられることとなりましたが，初期の日本の「体育」の教材は集団秩序体操や兵式体操，鉄棒などの器械器具を用いた運動が中心のものでした。というのも，第二次世界大戦が終わるまでのこの教科の主要目標は，良質の兵士や労働者の育成を身体的側面から担うこととされており，体操や運動を通じて，強健な身体を備えた良き国民たる資質を養うことが目的とされていたためです。しかし第二次大戦後は，体操を中心とした体育から，民主的な人間形成を標榜した新しい体育への転換が行われることになりました。スポーツを主要教材とする新しい「体育」は，それまでの教師中心の注入主義による一斉指導も変え，子ども中心の主体的・自発的な学習方法が取られることになりました。

　それ以降体育は，その時々の社会的・時代的要請を受容しつつ，スポーツを通して人間形成を図ろうとする教科になりました。加えてこのような考え方が広く受け入れられるようになってから，学校における部活動・クラブ活動が広まることとなり，運動部活動・クラブ活動では特定の競技を通じてスポーツの技能を向上させること自体や，あるいはスポーツをすることを通じて教育効果を目的とする活動として行われるようになりました。

　運動部活動・クラブ活動は，1958年の学習指導要領では特別教育活動の1つとして，生徒の自発的な参加によって行われる活動とされていました。それが，中学校では1972年，高等学校では1973年改訂の学習指導要領から，クラブ活動は特別活動の一領域として必修とされるなどの経緯を経て，中学校では1993年，高等学校では1992年改訂の学習指導要領では，「部活動への参加をもってクラブ活動の一部又は全部の履修に替えることができる」と明記されることとなりました。現在では，中学校では2002年，高等学校では2003年改訂の学習指導要領で必修のクラブ活動は廃止され，各校の実態に応じて，課外活動の一環として部活動が行われています。

　そして，現在では，従来学校が主役だったスポーツを通じた教育において民間企業が活躍しています。例えば，フィットネスクラブやテニスクラブといったクラブビジネス，スイミングスクールやテニススクールといったスクールビジネスがこれに該当します。もともと民間企業が保有していた施設や空間を活用し，そこに教育的要素（技能を向上させること自体や，あるいはスポーツをすることを通じての教育効果）を付加価値が加えられて発展させたといえます。これらは日本では，「習いごと」として広く認識されるようになりました。最近では，子ども向けのみならず，大人向けのスクールビジネスも広がり，ヨガ，ダンス，フットサル，ジョギング，トライアスロンといった多様なスポーツ種目が提供されており，目的も健康管理，休日のリフレッシュなどと多様になっています。近年では「体育の家庭教師」のように施設をもたなくとも指導者を派遣し，あらゆる場所でスポーツを通じて教育を行うといったサービスを提供するプレーヤーも存在しています。

　スポーツと教育を考えるときに重要な要素の1つが，誰を指導者にするかとい

う問題です。学校教育では，部活動の顧問という形で教員がその指導に当たっていることが大半です。教育に携わっている教育のプロフェッショナルであり，普段から生徒とも接しており，また比較的他の先生や保護者との情報共有もしやすいため，教育面においてプラスの要素が強いといえます。一方で，必ずしもその競技に精通しているとは限らず，競技の経験・スキルの点で物足りないことがあるかもしれません。また，普段の授業に加えて部活動の指導に時間を当てなければならないため，時間的制約もありますし，残業・休日出勤という過重労働に繋がりやすいことも否定できません。さらには勝利至上主義に陥りやすいことや，小学校から中学校，中学校から高校，高校から大学へとカテゴリーが変わる度に指導者が変わってしまうという問題を抱えていることも忘れてはいけません。

　近年では，プロスポーツ選手のセカンドキャリアとして，部活動等の指導者を行うこともみられるようになりました。また，指導者を紹介・派遣するビジネスもみられます。学校教育の一環としてのスポーツという要素が強かった日本でも，これまで隠れていたニーズを掘り起こし，新たなスポーツビジネスが広がっているといえるでしょう。

　最後に，スポーツ教育の現場では，怪我の問題および指導方法に関するトラブルが発生しているのも事実です。スポーツ教育をビジネスにした場合，以下のようなリスクに適切に対処する必要があることを付け加えておきます。

- ▶スポーツ事故と法的責任
- ▶スポーツ指導上の注意義務
- ▶スポーツ施設設備の安全管理と法的責任
- ▶ヘルスチェックと緊急時対応計画
- ▶スポーツ事故と安全マニュアル
- ▶スポーツにおける暴力，体罰といったパワーハラスメントおよびセクシャルハラスメント
- ▶スポーツのルールと安全

■参考文献

一般社団法人金融財政事情研究会（2012）『第 12 次業種別審査辞典 第 7 巻 サービス関連（情報通信，広告，コンサルタント）・学校・地公体』きんざい

一般社団法人日本イベント産業振興協会（2011）「平成 21 年 国内イベント市場規模推計結果報告書」

株式会社テー・オー・ダブリュー（2014）「有価証券報告書」6 月期

株式会社電通（2015）「有価証券報告書」3 月期

株式会社乃村工藝社（2015）「有価証券報告書」2 月期

笹川スポーツ財団（2014）『スポーツ白書 2014～スポーツの使命と可能性～』笹川スポーツ財団

新日本有限責任監査法人編（2011）『業種別会計実務ガイドブック』税務研究会出版局

新日本有限責任監査法人編（2015）『スポーツ団体のマネジメント入門─透明性のあるスポーツ団体を目指して─』同文舘出版

ぴあ株式会社（2015）「有価証券報告書」3 月期

9 スポーツ施設建設・スタジアム経営

▶ 1. ビジネスの概要

　2016 年に開幕したプロバスケットボールリーグ・Bリーグ，2019 年日本で
のラグビーW杯日本大会，2020 年東京オリンピック・パラリンピックのために，
新国立競技場やその他の施設建設・改修に注目が集まっています。そこでは，
建設資材の高騰などによる建設費の負担問題や，従来型の大型イベントのた
めに建設した施設が継続的に赤字経営となっていることなどの課題が浮かび
上がりました。それに対して，スタジアム・アリーナ構想やプロスポーツチー
ムによる一体経営など，新しい取り組みが始まっています。

(1) スポーツ施設建設，スタジアム経営の特徴

　スポーツ施設建設には，広大な土地を必要とし，かつ，一般的に多額の費
用がかかります。そのため，スポーツ施設は一度建設されると特殊な要因が
ない限り長期間使用され続けます。例えば，旧国立競技場は 1964 年の東京
オリンピックのために建設され 51 年間，旧広島市民球場も 1957 年の開設後
50 年あまり使用されました。したがって，長期的な視点に立った計画の立
案が重要となります。

　日本の大型スポーツ施設の多くは，オリンピックや国体などの大型イベン
トのために国主導で建設されてきたこと，および多額の建設資金の調達が必
要であることもあって，その多くは独立行政法人，県，市等の自治体，学校
法人が所有しています。例外的に寄付等で建設されているものもありますが，
それを除けば建設費用の財源には税金が使用されていることが多いといえま

す。最近では大型公共事業の是非について住民投票が行われるケースが多く
なってきています。住民投票に至る理由はさまざまですが，住民に納得が得
られるように，長期的視点や経済効果を適切に示すことの重要性が増してき
ていると考えられます（図表9−1，図表9−2，図表9−3）。

図表9−1　独立行政法人日本スポーツ振興センター所有，管理運営施設一覧

(2018年4月1日現在)

	敷地面積 (㎡)	建築面積 (㎡)	収容人数 (人)	備考
■本部事務所				
・国立霞ヶ丘競技場				
・秩父宮ラグビー場 東京都港区北青山		11,741	24,871	鉄筋コンクリート造　一部鉄骨造 3階建
・東テニス場 東京都港区北青山	5,738	324		鉄筋コンクリート造　2階建
・旧陸上競技場 東京都新宿区霞ヶ丘町	71,707			
■日本青年館				
・日本スポーツ振興センタービル 東京都新宿区霞ヶ丘町	6,671	2,646		※うち，JSC専有部分：9,646㎡
■国立代々木競技場 東京都渋谷区神南	91,022			
・第一体育館 (附属等・付帯設備を含む)		17,844	9,119	鉄筋コンクリート造　一部鉄骨造 地下2階地上2階建
・第二体育館		3,872	3,195	鉄筋コンクリート造　一部鉄骨造 地下1階地上1階建
■国立スポーツ科学センター				
・研究・支援施設 東京都北区西が丘	39,429	5,936		鉄骨鉄筋コンクリート造　一部鉄 骨造　地下2階地上7階建
・西が丘サッカー場 東京都北区西が丘	22,034	1,187	7,258	鉄筋コンクリート造　一部鉄骨造 1階建
・屋外テニスコート 東京都北区西が丘	(7,432) ※一部借地	115		鉄骨造　2階建
・戸田艇庫 埼玉県戸田市戸田公園	(3,605) ※借地	2,043	240	鉄骨造　2階建
■味の素ナショナルトレーニングセンター				
・屋内トレーニングセンター 東京都北区西が丘	※研究施設 敷地に含む	8,077		鉄骨造　一部鉄骨鉄筋コンクリー ト造　地下1階地上3階建
・屋内テニスコート 東京都北区西が丘	※研究施設 敷地に含む	3,658		鉄骨造1階建
・陸上トレーニング場 東京都北区赤羽西	21,998	4,772		鉄筋コンクリート造及び鉄骨造 1階建
・アスリートヴィレッジ 東京都北区西が丘	10,067	4,800	448 (518) (エキストラベッ ド使用の場合)	鉄筋コンクリート造 東館・西館：地下1階地上6階建 南館：7階建 設備棟：地下1階地上4階建
■国立登山研修所				
・研修施設（本館）	26,114	947	74	鉄筋コンクリート造　地上3階建

出所：独立行政法人日本スポーツ振興センターホームページ　土地施設一覧より一部抜粋。

図表9-2　プロ野球使用球場

球団	本拠地	所有者	管理運営者
北海道日本ハムファイターズ	札幌ドーム	札幌市	㈱札幌ドーム
東北楽天ゴールデンイーグルス	楽天生命パーク宮城	宮城県	㈱楽天野球団
埼玉西武ライオンズ	メットライフドーム	西武鉄道㈱	㈱西武ライオンズ
千葉ロッテマリーンズ	ZOZOマリンスタジアム	千葉市	㈱千葉ロッテマリーンズ
オリックスバファローズ	京セラドーム大阪	オリックス不動産㈱	㈱大阪シティドーム
福岡ソフトバンクホークス	福岡PayPayドーム	福岡ソフトバンクホークス㈱	福岡ソフトバンクホークス㈱
読売ジャイアンツ	東京ドーム	㈱東京ドーム	㈱東京ドーム
東京ヤクルトスワローズ	明治神宮野球場	明治神宮	明治神宮野球場
横浜DeNAベイスターズ	横浜スタジアム	横浜市及び国	㈱横浜スタジアム
中日ドラゴンズ	ナゴヤドーム	㈱ナゴヤドーム	㈱ナゴヤドーム
阪神タイガース	阪神甲子園球場	阪神電気鉄道㈱	阪神電気鉄道㈱
広島東洋カープ	MAZDA Zoom-Zoom スタジアム広島	広島市	㈱広島東洋カープ

図表9-3　サッカークラブ（2020年度J1所属）のホームスタジアム

クラブ	ホームスタジアム	所有者	管理者
札幌	札幌ドーム	札幌市	㈱札幌ドーム
仙台	ユアテックスタジアム仙台	仙台市	仙台市公園緑地協会，日本体育施設グループ
鹿島	県立カシマサッカースタジアム	茨城県	㈱鹿島アントラーズ・エフ・シー
浦和	埼玉スタジアム2002	埼玉県	埼玉県公園緑地協会
柏	三協フロンテア柏スタジアム	㈱日立柏レイソル	㈱日立柏レイソル
FC東京	味の素スタジアム	東京都	㈱東京スタジアム
川崎F	等々力陸上競技場	川崎市	川崎市公園緑地協会
横浜FM	日産スタジアム	横浜市	横浜市スポーツ協会
横浜FC	ニッパツ三ツ沢球技場	横浜市	横浜市緑の協会・体育協会グループ
湘南	Shonan BMW スタジアム平塚	平塚市	平塚市
清水	IAIスタジアム日本平	静岡市	静岡市まちづくり公社
名古屋	パロマ瑞穂スタジアム	名古屋市	名古屋市教育スポーツ協会
G大阪	Panasonic Stadium Suita	吹田市	㈱ガンバ大阪
C大阪	ヤンマースタジアム長居/長居球技場	大阪市	長居公園スポーツの森プロジェクトグループ
神戸	ノエビアスタジアム神戸	神戸市	神戸ウイングスタジアム㈱
広島	エディオンスタジアム広島	広島市	広島市スポーツ協会
大分	昭和電工ドーム大分	大分県	㈱大宜
鳥栖	駅前不動産スタジアム	鳥栖市	鳥栖市

出所：各スタジアム，自治体，管理団体公式サイトより筆者作成。

世界ではスタジアム経営の重要性が高まっており，スタジアムを訪れる観客が臨場感ある試合を楽しむだけでなく，さまざまなホスピタリティを享受することにより満足度の向上や新規ファンの獲得に繋げようとしています。充実した施設をもつスタジアムが増えており，家族や仲間で楽しめるシートや託児所などの他，社交の場にもなる大規模ラウンジ，VIP 専用の部屋を商談等に使うことや，ショッピングセンターやホテルなどを併設するケースなどさまざまです。また，観客がスタジアムに集まってくることによって，スタジアムを中心とした周辺地域の活性化に繋がるケースもあります。

プレミア・リーグなどの欧米では既にスタジアム自体をチームが所有しているケースが多くなっており，それらをモデルにした試みが日本でも始まっています。一方で，日本のように所有者と管理運営者が異なる場合には，施設の所有者と管理運営者との契約関係，法規制またはリーグの一括管理等により入場料収入や飲食物収入・物販収入がチームに入らないこともありますし，多額の施設利用料がスタジアム管理運営者の足かせになる場合もあります。

▶ 2. 特徴的なビジネスリスク

まず，建設のために必要な建設資金の調達をいかに行うかは重要な問題の1つです。その方法によっては大きな財務リスクを負いかねません。

また，建設は数年に亘って実施されることから，建設資材の高騰や建設中の経済環境やその他施設を取り巻く環境の変化があれば，建設計画当初の趣旨を達成できなくなる可能性もあります。その他，用地の選定や確保，住民の理解など施設建設には多くのハードルを乗り越えなければなりません。

施設を建設できたとしても，今度はその運営にもさまざまなリスクが存在します。前述のとおり，施設の所有者と運営者の関係や契約関係で，その自由度が制限される可能性があります。また，他の施設と競合し大規模なイベントを奪われる可能性もあり，当初の計画通りの収支が達成できない可能性もあります。スポーツ施設を所有すればその償却費を多額の固定費として毎

	施設所有者		施設運営者		施設利用者	
	メリット	デメリット	メリット	デメリット	メリット	デメリット
公設／公営	国等からの補助金活用の可能性	収益施設が制限 公共機関がコスト負担	公的ニーズに配慮した運営	低い収益力	施設利用料が安価	公的イベントが優先
公設／民営	国等からの補助金活用の可能性	収益施設が制限 公共機関がコスト負担	運営に柔軟性	低い収益力	施設利用が安価サービスの向上	公的イベントが優先
民設／民営	自由な収益施設の整備配置	補助金活用が制限 コスト増（償却や税負担発生）	柔軟な運営 収益施設の活用で収入増	コスト負担	魅力的なサービス	利用料金の負担増

出所：株式会社日本政策投資銀行「スポーツを核とした街づくりを担う「スマート・ベニュー®」
　　　～地域の交流空間としての多機能複合型施設～」をもとに筆者作成。

年負担しなければなりませんので，それを回収できるだけの収入を得なければなりませんが，稼働率が低下すると赤字経営のリスクがあります。維持管理費，運営費，建設資金に係る財務費用，固定資産税等の税負担などもあり，コスト負担は大きくなりがちです。また，治安問題や周辺地域との関係等が問題になることもあります。そのため，自治体との協働関係が非常に重要となります（図表9-4）。

▶ 3.　関係性の深い法規制

　スポーツ施設の建設では「都市公園法」を活用することがあります。「都市公園法」とは，国土交通省が，都市公園の設置および管理に関する基準等を定めて，都市公園の健全な発達を図り，もって公共の福祉の増進に資することを目的とするために施行された法律です。都市公園法では施設の新設，増設または改築に要する費用は当該費用の2分の1，都市公園の用地の取得に要する費用は当該費用の3分の1までが国から補助金を受けられるというメリットが享受できます。

その一方，都市公園法では，さまざまな施設に関する制限が存在します。特徴的なものとして，都市公園法施行令では都市公園に設ける運動施設の敷地面積の総計は，当該都市公園の敷地面積の百分の五十を超えてはならない（都市公園法施行令 第8条）と規定されているため，公園内に他の運動施設などが存在する場合は敷地面積の制限により特定のスポーツに特化した運動施設の建設が困難になることがあります。また，運動施設での火気の使用が制限されれば飲食店等の設置に制約がかかります。さらに，運動施設内での収益活動も制限されることになると，貴重な収入源が確保できなくなることもあります。

都市公園法施行令 第8条

第八条 一の都市公園に設ける運動施設の敷地面積の総計の当該都市公園の敷地面積に対する割合は，百分の五十を参酌して当該都市公園を設置する地方公共団体の条例で定める割合（国の設置に係る都市公園にあつては，百分の五十）を超えてはならない。

2 次の各号に掲げる公園施設は，それぞれ当該各号に掲げる敷地面積を有する都市公園でなければこれを設けてはならない。

一 メリーゴーラウンド，遊戯用電車その他これらに類する遊戯施設でその利用について料金を取ることを例とするもの 五ヘクタール以上

二 ゴルフ場 五十ヘクタール以上

3 都市公園に分区園を設ける場合においては，一の分区の面積は，五十平方メートルをこえてはならない。

4 都市公園に宿泊施設を設ける場合においては，当該都市公園の効用を全うするため特に必要があると認められる場合のほかこれを設けてはならない。

5 その利用に伴い危害を及ぼすおそれがあると認められる公園施設については，さくその他危害を防止するために必要な施設を設けなければならない。

6 都市公園において保安上必要と認められる場所には，照明施設を設けなければならない。

▶ 4. スポーツ施設建設，スタジアム経営の今後

（1）資金調達の多様化

スポーツ施設建設・運営に必要な資金をどう確保するかは大きな課題の1つですが，これまでの公的資金による負担から，さまざまなビジネス手法を

活用した新しい取り組み事例があります。

　まず，多額の建設資金を調達する代わりに自治体所有のスポーツ施設を借りるという選択肢があります。この場合は年間利用料が多額になるケースが多く，チーム運営に影響を及ぼすケースも多々あります。そのような中，自治体所有の施設を借りながらも年間利用料を安価に抑えている例として，プロ野球・東北楽天ゴールデンイーグルスの本拠地で，宮城野原公園総合運動場内にある宮城球場（現在は楽天株式会社が命名権（ネーミングライツ）を取得し，楽天生命パーク宮城という名称です）があります。2005 年にプロ野球参入が決まってから楽天が約 90 億円をかけて改修工事を行い，それを宮城県へ寄付する代わりに球場使用権と営業権を所有しています。このように，補修工事を負担した代わりに他の球団が年間に数億〜数十億円程度負担することが一般的ともいわれる利用料を安価に抑えています。球場改修工事に 90 億円がかかっているものの，年間利用料と球場使用権，営業権を所有できている点から，スタジアム経営において高い自由度をもつよい例であるといえます。

　Jリーグでは，ガンバ大阪での取り組みが特徴的です。ガンバ大阪は大阪府吹田市にサッカー専用の新ホームスタジアムを建設し，2016 年シーズンから使用を開始しました。この新スタジアム建設資金 140 億円全額をスタジアム建設募金で賄っている点が最も特徴的といえます。もちろん全額個人の寄付というわけではなく，内訳は法人からの寄付が約 100 億円，助成金 35 億円がメインです。それでも個人からの寄付が 6 億円強あり，ファンや地域住民の期待の高さの表れともいえます。また，一部を個人からの寄付で賄うことによりクラブに対する思い入れや，サッカー専用で迫力ある試合を観戦できると評判の新スタジアムへ足を運ぶ楽しみが増すと考えられます。

　海外では，イングランドサッカーの名門クラブであるマンチェスター・ユナイテッドが，劇場型スタジアムの代表であるオールド・トラッフォード（別名「シアター・オブ・ドリームズ（夢の劇場）」）を所有していることで有名です。マンチェスター・ユナイテッドは資金調達の手段として，ロンドン

市場への株式上場，2012年にはニューヨーク証券取引所に株式上場（以下，IPO）を行っている点で特徴的です。

　その他建設資金調達の手段もさまざまな方法が考えられるようになっています。アメリカプロバスケットボール（NBA）では複数チームで1つのアリーナを使用し，サッカーとラグビーという異なるスポーツで1つの施設を使用するなどの取り組みや，クラウドファンディングを活用した資金調達方法も考えられます。

　政府もこうした動きに対応しており，2011年にPFI法を改正しました。内閣府PFIホームページにおいて，「PFI（Private Finance Initiative：プライベート・ファイナンス・イニシアティブ）とは，公共施設等の建設，維持管理，運営等を民間の資金，経営能力及び技術的能力を活用して行う新しい手法」と定義されています。PFIを活用した事業は従来から事例がありましたが，2011年の改正により民間事業者による提案の導入やコンセッション方式が盛り込まれ，民間事業者のノウハウを活かした事業展開が可能となりました。

　スポーツ施設におけるPFIの活用事例としては，北九州市のミクニワールドスタジアム北九州が挙げられます。これは，サッカー，ラグビーなどのスポーツを開催できる新球技場で，JR小倉駅からのアクセスもよく，周辺地域との連携も配慮されています。また，仙台市のゼビオアリーナ仙台は，公設公営／公設民営に代わる「民設共営（民間が設立し地域共同体が運営）」により建設運営されるPFIに類似した事例です。

（2）収益性の向上
①所有と運営の一体経営

　施設の運営に関するリスクについてもさまざまな取り組みが存在します。施設の所有者と運営者が異なることから生じる施設の稼働率の低下や赤字経営のリスクや課題に取り組んでいる例として，プロ野球・福岡ソフトバンクホークスの取り組みがあります。福岡ソフトバンクホークスは当時の福岡

ドーム（2013年ネーミングライツによる名称変更で福岡ヤフオク!ドーム，その後福岡PayPayドーム，以下，PayPayドーム）の使用料として年間約50億円を当時の所有者であるアメリカの投資会社コロニー・キャピタルに支払っていました。そこで，2012年に860億円でコロニー・キャピタルからスタジアムを取得し，所有と運営の一体経営を開始しました。一体経営のメリットは，運営者の収益力強化に取り組む際にあった制約がなくなり，自由なマーケティングを行うことが可能になる点にあります。

　PayPayドームでは，スタジアムの各種改修を行うことで利用者のニーズに沿ったさまざまなシート，空間を提供しています。2015年に新設された設備としては，外野席に外野手のプレーを間近で感じられる「ホームランテラス」，4階部分を全面改装した「Hawks premium suite」や専用のエントランスとレセプションを設けています。また，九州エリア最大の集客施設/ランドマークとして野球以外にもコンサート，展示会，コンベンション，セレモニー等多種多様なイベントの開催や，ラウンジでは会議，パーティーでの利用も行えるようになっており，その稼働率は90%以上ともいわれています。

②スタジアム・アリーナ構想

　施設に対する取り組みとしてはアメリカ大リーグ（以下，MLB）などで積極的に取り入れられている「ボールパーク」化構想があります。「ボールパーク」化とは，球場がただ試合をする場所としての「野球場」という意味だけでなく，誰もが楽しめるパーク（公園）であるというコンセプトのもと，それに見合った場所づくりを目指すアプローチであるといえます。日本においても東北楽天ゴールデンイーグルスが外野席に観覧車を設置するなど，ボールパーク化に積極的に取り組んでいます。また，横浜DeNAベイスターズは2012年の球団買収直後から本拠地横浜スタジアムで「コミュニティボールパーク」化構想を立ち上げて積極的な取り組みを行い，2015年オフにはTOBによって球場を取得し，その計画をさらに推し進めています。

　さらに近年「ボールパーク」化を実現し，スタジアムビジネスを成功させ

ているといわれているのが広島東洋カープです。広島東洋カープのかつての
本拠地の旧広島市民球場は1957年の開設後約50年あまりが経過し，施設が
老朽化するとともに，狭い観客席などのサービス面やロッカールームなどの
機能面で，多くの課題がありました。そこで，図表9-5にあるような特徴
を盛り込んだ新球場を建設しボールパーク化を実現しています。

図表9-5　広島市民球場　新旧球場比較表

	旧スタジアム	新スタジアム	目的
総収容人数	31,984人	33,000人	
スタジアム構造	左右対称	左右非対称	・ホームチーム側の外野席を増やすことで，熱狂的な雰囲気を演出
ファウルグラウンド	2,832㎡	2,396㎡	・選手との距離を近くすることで，プレーの臨場感と迫力と高める
スタンドの勾配	1階：20.0度 - 30.0度 2階：35.0度	1階：8.9度 - 18.6度 2階：29.5度	・勾配を緩やかにすることで，コンコースへのアクセスを容易にする
2階スタンド	フィールド側にせり出ていない	フィールド側にせり出ている	・フィールドから遠い2階席でも，ゲームの熱気を感じることができる
シート幅	43cm x 60-75cm	50cm x 85cm	・シート幅を広げることで，試合をゆったり観戦することができる
コンコース	コンコースからの観戦が不可	コンコースからの観戦が可能	・売店やトイレに行っても決定的シーンを見逃さない ・攻守交代のわずかな間に，観客がトイレや売店に殺到するのを防ぎ，効率的にフードとドリンクを販売することが可能
女性用トイレ数	83個	192個	・女性がスタジアムに来やすい環境をつくる
ユニバーサルデザイン	車いす専用シート	車いす専用シート：142席 授乳室の増設 エレベーターの増設	・家族連れ，高齢者，障害者がスタジアムに来やすい環境をつくる
観戦シート	単一	多様	・幅広い客層を獲得し，客単価を上げる ・シートごとにスポンサーを獲得する

出所：広島東洋カープオフィシャルサイト（2015年4月）

魅力的なスポーツ施設の運営として，収入源のうち入場料収入への貢献が大きい事例として，欧米のスタジアムやアリーナで積極的に設置されているのが付加価値の高いシートの存在です（ラグジュアリーシート，クラブシート，ホスピタリティーシートなど名称はさまざまです）。

アメリカの4大スポーツ（MLB, NFL, NBA, NHL）では，高付加価値シートやクラブラウンジ等VIP向けのチケットから得られる収入が全体の入場料収入のうち大きな収入源となっているチームがあり，企業が接待用に年間契約，複数年契約をする場合も多く，安定収入にも貢献しています。欧米と日本のビジネス文化の違いはありますが，わが国でもスポーツを企業のマーケティングの場として活用する事例は増えてくると予想されます。

(3)「スマート・ベニュー®」*

公営であっても民営であっても，魅力的な施設を建設することや運営方法を工夫することで顧客満足を向上させて，集客力を向上させることは重要な取り組みです。しかし，スタジアムやアリーナの魅力だけで収益改善を目指すことには限界があります。そこで注目されているのが，スマート・ベニュー®という発想です。

スマート・ベニュー®はこれからの街づくりの中核施設として，「周辺のエリアマネジメントを含む，複合的な機能を組み合わせたサステナブルな交流施設」を表す造語で，スポーツビジネスにおいては，スタジアム・アリーナという巨大な装置を周辺地域の中核的な拠点とし，公共施設や商業施設等の併設も加えて周辺地域のマネジメントを含めた交流空間とする概念です。

具体的な事例としてはアメリカカリフォルニア州ロサンゼルスのStaples Centerがあります。Staples Centerはロサンゼルス・レイカーズ（NBA），ロサンゼルス・クリッパーズ（NBA），ロサンゼルス・キングス（NHL）などのチームが使用しています。開発者が同アリーナの周辺にコンサート施

＊「スマート・ベニュー」は株式会社日本政策投資銀行の登録商標（商標登録第5665393号）です。

設，映画館，ホテル，ショッピング施設等から構成される複合商業施設「LA.
LIVE」として開発し，既存の周辺施設も考慮した複合都市開発を実現しました。これにより，使用チームの集客増加だけでなく，地域の治安改善や周辺地域にマンション建設が行われて周辺地域の人口増加に繋がったことは特筆すべき事例でしょう。

　わが国の事例は少ないですが，2012年10月に開場したゼビオアリーナ仙台が挙げられます。仙台市内の再開発地域である仙台副都心に，スポーツ用品販売会社のゼビオ㈱が提案した多目的アリーナ建設事業を採用し，日本で初めての総合エンターテインメント・アリーナスタジアムが竣工されました。所有はゼビオ㈱ですが，仙台市の助成制度（広域集客型産業立地促進助成金）が適用されています。運営は，地元のスポーツチームと民間企業が共同出資した有限責任事業組合が担い，これまでにない「民設共営」型の多目的アリーナとなっています。最寄駅から徒歩5分という市街地に立地し，病院が同地区に開院するなど，スポーツと健康をテーマにした街づくりの中核施設に位置づけられています。

　街づくりの中核を担うというスケールの大きな概念であるスマート・ベニュー® では，スポーツ施設の新設・改築が1つの契機になります。2019年ラグビーW杯，2020年東京オリンピック・パラリンピックというメガスポーツイベントの開催や，JリーグやBリーグなどのプロスポーツリーグのライセンス制度導入（スタジアム・アリーナの整備がリーグ参加のライセンス取得の要件に含まれています），1964年の東京オリンピックやバブル景気を背景に建設された1980年代のスポーツ施設の老朽化は，その絶好のタイミングを示唆しているといえるでしょう。

Column　ネーミングライツ

＜ネーミングライツ（施設命名権）とは？＞

　全国各地には，公営・民営問わず，多くのスポーツ施設があります。その中には，企業名が冠されたスタジアム・アリーナも多数あります。では，例えば日産スタジアムは日産自動車のものなのでしょうか？日産スタジアムは横浜市が設立した公共施設で，現在も横浜市が所有しています。日産自動車は，横浜市からネーミングライツを取得しているのです。ネーミングライツとは「施設命名権」とも呼ばれ，取得者（スポンサー）は会社名・製品名などを付けることのできる権利をもちます。ネーミングライツは，一般に，施設所有者が公募によりスポンサーを募り，スポンサーは決められた金額を施設所有者に支払うことで取得することができます。

　ネーミングライツの導入は，施設所有者からすると，長期的な安定収入が得られるというメリットがあります。それによって，これまで地方自治体が税金収入などの限られた財源によって維持・管理を行っていたのに比べて，施設サービスが向上し，より多くの来場者を見込むことができ，ひいては地域社会の活性化が期待できます。一方，スポンサーにとっては，施設来場者に対する PR，メディ

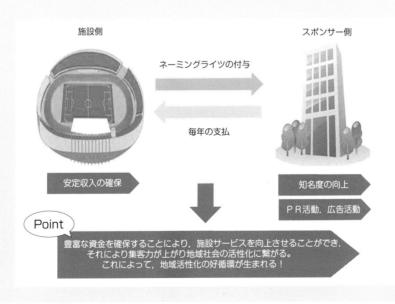

アへの露出等により，企業名や製品名の知名度の向上という宣伝効果を享受できるというメリットがあります。

＜ネーミングライツの歴史＞

　ネーミングライツは 1970〜80 年代にアメリカ 4 大プロスポーツ（野球（MLB），アメリカンフットボール（NFL），バスケットボール（NBA），アイスホッケー（NHL））を中心に広がったものとされています。日本においては，2003 年に東京都調布市の味の素スタジアム（旧名称：東京スタジアム）が公共施設で初の事例として導入されてから，現在ではプロスポーツ以外のさまざまな公共施設（体育館やアリーナ，コンサートホール等）についても，恒常的にネーミングライツの募集が行われるようになりました。

＜日本のネーミングライツの特徴＞

　日本のネーミングライツの契約期間は約 2〜5 年，長くても 5〜10 年程度で，アメリカなどの海外での一般的な契約期間と比べると短いという一面があります。日本ではネーミングライツが浸透され始めて間もなく，2016 年に千葉マリンスタジアムのネーミングライツが契約途中で解除されたように，企業が長期契約のリスクを避けている傾向にあるため契約期間は短期になりがちですが，アメリカではメジャーリーグでクラシカルな新球場が多く建設されたときに高い費用対効果が認められたことから，企業のブランディング戦略として積極的に長期契約を締結する傾向にあります。アメリカの長期契約導入例としては，シアトル・マリナーズが使用するセーフコ・フィールド，2008 年にスーパーボウルが行われたフェニックス大学スタジアムの各 20 年契約などが挙げられます。

　日本では契約期間が短いことから，同一の施設であるにもかかわらず，比較的短いスパンで別の名称に変わってしまうことがあります。名称が次々と変更されることに対し，球場名に愛着を抱いているファンからは不満の声が上がることもあります。地元に根付いた施設ほど，ネーミングライツの導入や名称変更は難しいかもしれません。

＜ネーミングライツの取引相場＞

　ネーミングライツの取引相場が気になるところですが，日本国内の高額なネー

表：日本国内のネーミングライツの高額取得事例（2016年まで）

順位	年額 (百万円)	年数	社名	新名称	正式名称 ・旧称	所有者	時期
1	470	5	日産自動車	日産スタジアム	横浜国際総合 競技場	横浜市	2005年取得 2010年更新(150百万円) 2013年更新(150百万円)
2	300	5	マツダ	MAZDAZoom- Zoomスタジアム	広島新広島市 民球場	広島市	2008年取得 2013年更新(220百万円)
3	275	10	QVCジャパン	QVCマリン フィールド	千葉マリンス タジアム	千葉市	2010年取得 (2016年に契約を途中解除)
4	240	5	味の素	味の素スタジアム	東京スタジアム	東京都	2003年取得 2008年更新(280百万円) 2013年更新(200百万円)
6	120	5	日本碍子	日本ガイシスポー ツプラザ	総合体育館	名古屋市	2007年取得 2012年更新(120百万円)
6	120	3	東北電力 (※1)	東北電力ビッグス ワンスタジアム (※1)	新潟スタジアム	新潟県	2007年取得 2010年更新(120百万円)
8	100	5.5	フクダ電子	フクダ電子アリーナ	蘇我球技場	千葉市	2005年取得 2010年更新(60百万円)
9	100	2	ソフトバンク(※2)	Yahoo!BBスタジ アム(※2)	グリーンスタ ジアム神戸	神戸市	2003年取得 (2004年に契約終了)
10	90	4	アウトソーシング	アウトソーシング スタジアム日本平	清水日本平運 動公園球技場	静岡市	2009年取得 (2013年に契約終了)
11	80	5	日本発条	ニッパツ三ツ沢 球技場	三ツ沢公園球 技場	横浜市	2007年取得 2012年更新(40百万円)
11	80	4	味の素	味の素ナショナルト レーニングセンター	ナショナルト レーニングセン	東京都	2009年取得 2013年更新(40百万円)

出所：㈱帝国データバンク (2010)「特別企画：命名権 (ネーミングライツ) 所得企業実態調査」
を参考に筆者作成。

※1　2016年4月現在は電気化学工業のネーミングライツにより，デンカビッグスワンスタジアム (70
百万円・2014年より3年契約) と命名されている。

※2　2016年4月現在はプレナスのネーミングライツにより，ほっともっとフィールド神戸 (36百万円・
2011年より4年契約，2015年より4年更新) と命名されている。

ミングライツは上表のとおりです。プロスポーツ施設については年額1億円を超えるネーミングライツが取引されることもありますが，民間施設では年額数十万円から，高くても数千万円といった規模で取引されています。2008年のリーマンショック以降，ネーミングライツ契約を継続している場合でも，更新時の金額は取得時の金額を下回るケースが多いようです。

＜ネーミングライツの会計処理＞

　最後にネーミングライツの会計処理について紹介します。ネーミングライツの取引もその契約形態や内容はさまざまなため，個々に慎重に判断する必要がありますが，取得対価の支払いと費用処理を一致させるのではなく，得られる便益に

第Ⅲ部　ビジネス別の論点

応じて費用を認識する費用収益対応の原則を意識する必要があるでしょう。無形の権利として無形固定資産に計上する会計処理も考えられますし，取得時に一括して支払ったとしても実質的には広告宣伝費の前払いと解釈されれば，長期前払費用に計上されることも考えられます。資産計上された場合には，広告の効果が契約期間等に亘って発生するため，当該期間を通じて費用化していくことになります。なお，税務上では省令に明確な定めはなく，会計上と同じ取り扱いになることが多いと思われますが，こちらも契約形態や内容を吟味して慎重に判断する必要があるでしょう。

■参考文献

Deloitte Sports Business Group（2014）All to play for Football Money League, January

江戸川大学スポーツビジネス研究所編著（2008）『SpoBiz ガイドブック '08 - '09』プレジデント社

株式会社日本政策投資銀行（2014）「欧米スタジアム・アリーナにおける「スマート・ベニュー®」事例」7 月

株式会社日本政策投資銀行（2013）「スポーツを核とした街づくりを担う「スマート・ベニュー®」～地域の交流空間としての多機能複合型施設～」8 月

笹川スポーツ財団（2014）『スポーツ白書―スポーツの使命と可能性』笹川スポーツ財団

西野努・藤原兼蔵・三浦太（2014）『プロスポーツ・ビジネス羅針盤』税務経理協会

原田宗彦編著（2015）『スポーツ産業論 第 6 版』杏林書院

北九州市 ホームページ

ゼビオアリーナ 仙台ホームページ

ゼビオグループ ホームページ

総務省 ホームページ

独立行政法人スポーツ振興センター ホームページ

内閣府 PFI ホームページ

Number Web ホームページ

nikkei BP net

広島東洋カープ ホームページ

ホークスタウン ホームページ

横浜スタジアムコミュニティボールパーク化構想 ホームページ

横浜 DeNA ベイスターズ ホームページ

10

プロスポーツビジネス

▶ 1．ビジネスの概要

　本節において扱うプロスポーツビジネスについては，「スポーツを見せることで価値を提供することおよびそれに付随したビジネスを展開することで利益を獲得することを目的としたビジネス」と定義します。なお，これらは興行として行われているもの（プロ野球，プロサッカー，大相撲等）と，公営ギャンブルとして行われているものに大きく分けることができますが，本節では興行として行われているスポーツを主として取り扱うこととします。

　プロスポーツビジネスでは，その競技を生業とするプロ選手が行う真剣勝負を見せることで，消費者の注目を集め，その人気を活かしてビジネスを行います。伝統的なビジネスモデルは，競技を見せることで人を集め，入場料を得ることです。近代のプロスポーツの代表例としては，プロ野球でしょう。米国では 1864 年，日本では 1934 年に最初の試合が行われました。しかし，現在ではプロスポーツのビジネスモデルはさらに発展し，その提供している商品・サービスは非常に多岐に亘ります。プロスポーツにおいて想定される収入源から一覧にまとめました（図表 10－1）。

　特に１つの契約で多額の資金が動くのは，②スポンサー料や③放映権料です。2016 年には，ソフトバンクグループがプロバスケットボールの B リーグと締結したスポンサー契約も話題になりました。また，サッカーの J リーグが英国の動画配信大手と総額 2,100 億円ともいわれる大型契約を締結したことも注目を集めています。

　プロスポーツビジネスの特徴については以下の３点が挙げられます。

図表10-1　プロスポーツにおいて想定される収入源の内訳例

収入源	サービス内容
①入場料	入場料を支払った観客に対して，競技場での観戦席・スペースを提供
②スポンサー料	スポンサー料を支払った企業・団体等のロゴをユニフォーム，施設等に掲載・掲示することによる広告宣伝を提供。また，スポンサー対価としてチケットの提供やイベント開催，冠試合やブースの設置スペースなど，幅広い選択肢を提供
③放映権料	放映権料を支払ったテレビ/ラジオ局・インターネット媒体等に対して，スポーツを放送用コンテンツとして提供
④グッズ販売料	顧客に対して，スポーツ団体・選手等に関連したオリジナル商品を提供
⑤飲食料収入	観戦に訪れた顧客に対して，飲食を提供
⑥スクール収入	参加者に対して，スポーツを行う上での技術や楽しみ方等をアドバイスするレッスンを提供
⑦移籍金・レンタル料	移籍金・レンタル料を支払ったチームに対して，自らのチームに所属する選手を移籍，あるいはレンタル
⑧ファンクラブ会費	プロスポーツ団体（競技団体・チーム）に関連するファンクラブを設立し，入会者に対して，優待制度等を提供

①多額の初期・継続的投資が必要であり，黒字化が容易ではない

　プロスポーツビジネスに参入するためには多額の資金を必要とします。ここでは，団体競技を例に挙げながら解説しますが，まず，高いレベルの能力を保有している選手を確保する必要があります。例えばプロ野球選手の2019年の平均年俸は3,985万円（引用：日本プロ野球選手会公式ホームページ，日本人選手のみ）ですが，プロ野球では1チーム当たり70名を上限として選手が登録されています。そのため，単純に計算しても，選手の人件費だけで年間3,985万円×70名＝27億8,950万円が必要になります。プロ野球の場合には，他のスポーツと比較し，平均給与水準が高いことや，1チーム当たりの所属選手数が多いことも影響していますが，選手の人件費は固定費であることを考えると新規に参入するには多額の投資が必要ですし，その投資を短期間に回収することは容易ではありません。2000年以降プロ野球に参入してきた企業をみると楽天，ソフトバンク，DeNAといったいずれも一定規模以上の大企業であり，本業において十分な収益を獲得することが

10

プロスポーツビジネス

141

できるがゆえに，プロ野球に参入することができたといえます。

　また，プロ野球においては1954年8月国税庁長官通達「職業野球団に対して支出した広告宣伝費等の取扱について」により球団経営による赤字を親会社の広告宣伝費として損金扱いすることが可能であり，一定程度の赤字額であれば大企業である親会社が損失を補填し，球団経営を継続させることが可能と考えられます。

　一方，プロサッカーJリーグにおいては，Jクラブ個別経営情報開示資料（2018年度）によるとJ1に所属するチームの人件費総額平均が22億7,500万円，J2に所属するチームの人件費総額平均が6億8,100万円，J3に所属するチームの人件費総額平均が1億6,500万円と，プロ野球と比較すると選手確保に必要な資金は少ないことがわかります。これは平均年俸や1チームが抱えている選手数（上限25名まで）の違いによるものです。

②事業に参入するためにはクリアしなければならない条件が多く，参入障壁が高い

　プロスポーツビジネスを成立させるには，チーム運営（監督・選手の管理，練習時間・施設の確保等），ビジネス運営（チケット販売・放映権管理・スポンサーとの契約等），球場運営（本拠地における飲食販売，イベント管理等）等を自ら行うあるいは外部に委託する必要があります。いずれの運営も専門性が高く，新たな団体が参入することは容易ではないと考えられます。また，①に記載したとおり，選手の確保だけでも多額の初期投資が必要となり，参入障壁は高いといえます。

　そのような中，Jリーグにおいては，1993年の創設当初は10クラブのみでしたが，2020年時点ではJ1が18クラブ，J2が22クラブ，J3が13クラブと，大幅に拡大していることがわかります。Jリーグでもライセンス制度として，競技基準，施設基準，人事体制・組織運営基準，法務基準，財務基準が設けられていますが，地域との連携を重視し，参加チームを全国に広げるためのシステムも備わっていることから参加クラブが伸び続けています。

③地域との連携の重要性が高まっている

　プロ野球の球団名をみると，半数以上の球団名に地域名が入っています。近年ではヤクルトスワローズが2006年に東京ヤクルトスワローズ，西武ライオンズが2008年に埼玉西武ライオンズと球団名を変更することにより，地域密着をアピールしています。また，北海道日本ハムファイターズは2004年から本拠地を東京ドームから札幌ドームへと移転し，「スポーツコミュニティ」をスローガンに掲げ，北海道への密着をアピールしています。

　また，Ｊリーグのクラブ名をみるとすべてのクラブ名に地域名が入っています。2016年開幕のＢリーグでもクラブ名は地域名を冠しており，Ｊリーグに似たモデルが採用されています。このように球団名・クラブ名に地域名を入れ地域密着をアピールすることによりその地域住民を顧客（野球におけるファン，サッカーやバスケットボールにおけるサポーター）にするとともに，地方自治体が所有するスタジアム・アリーナを使用しやすくすることを目的としています。

　特にプロ野球の北海道日本ハムファイターズは北海道への本拠地移転が大成功を収めたといわれています。かつては東京が本拠地でしたが，東京には前述の東京ヤクルトスワローズのほか，人気球団である読売ジャイアンツが存在するため，地域における競合が生じていましたが，北海道を本拠地とする初のプロ野球チームであったことから，地域における競合相手はおらず，北海道民全体をターゲットにすることにより，顧客を大幅に増加させることに成功しました。

　この事例のように地域密着をアピールすることにより，その地域住民を顧客として取り込むことが，継続的に一定の入場料収入・スポンサー収入・放映権料収入を得る上で非常に重要になっていると考えられます。

▶ 2．特徴的なビジネスリスク

　プロスポーツビジネスにはさまざまなリスクが存在すると考えられますが，一般的に想定されるリスクとしては収入面・支出面それぞれ以下が考えられます。

（1）収入面のリスク
① 成績等により人気が低迷することにより，入場料収入等が減少する

　プロスポーツ産業における収入源の大きな柱の１つは入場料収入ですが，入場者数はチームの人気に左右されます。人気はそのチームの成績や，有名選手の有無，その競技の世界大会での成績（プロ野球であればワールドベースボールクラシック等，プロサッカーであればW杯やオリンピック等）等に左右されます。成績が低迷すると人気も低迷し，入場料収入が落ち込み，よい選手の獲得が困難となるといった負のスパイラルに陥るリスクも存在します。

② 既にスポンサー契約を締結している企業の競合他社からはスポンサー契約を獲得することができず，機会損失（最善の意思決定をしないことによって，より多くの利益を得る機会を逃すことで生じる損失）が発生する

　スポンサー料もプロスポーツ産業における収入源の大きな柱ですが，どの企業とスポンサー契約を締結するかについては戦略（以下，スポンサー戦略）が重要です。例えばＪリーグではスポンサー企業のロゴをユニフォームの前後や肩に入れますが，競合企業のロゴを同じユニフォームに入れることは通常考えられません。そのため，スポンサー契約を締結するに際しては，スポンサー候補企業にどのような企業があるか，競合関係にある企業が既存スポンサーにはないか事前に検討した上で，各候補企業との契約について優先順位付けすることが必要です。また，地域密着をアピールするチームにおいてはその地域企業との契約を締結することにより，地域密着をより一層アピー

ルすることが可能です。この点もスポンサー戦略の中では考慮に入れる必要があります。

（2）支出面のリスク
③ 多額の固定費が占める割合が高く赤字に陥りやすい

　プロスポーツ産業における代表的な固定費には，選手・チームスタッフ（監督・コーチ・トレーナー等）の人件費，施設利用料（試合会場，練習施設等）等の固定費が多額に発生するため，黒字化するためにはそれを上回る収入が必要で，赤字に陥りやすい傾向があります。赤字が続くと，親会社やスポンサー等から支援を受けられるケースを除き，チームの運営を継続することが困難となります。

④ 選手が年俸に見合った活躍をするとは限らないため，人件費支出に見合った効果を得ることができない

　独特の保有権制度のあるプロ野球を例外として，選手とチームの契約は年間契約が基本であり，前年オフに契約を締結するケースがほとんどです。そのため，その選手が活躍するか否かにかかわらず契約通りの人件費が支払われることになります。極端な例でいえば契約締結後に選手が怪我をしてしまい，試合に出ることができなくなった場合にも人件費は発生しますが，その人件費に見合った効果は得られなくなってしまいます。

▶ 3. 関係性の深い法規制

　図表 10-2 は，プロスポーツビジネスと関連性の深い法規制等です。
　また，チームやスクール・ファンクラブ等を運営するに当たり，個人情報を扱うことが想定されるため，個人情報保護法を遵守する必要があります。

図表 10−2　プロスポーツ産業と関連する法規制

スポーツとビジネス	スポーツ産業関連	・会社法 ・著作権法 ・商標法 ・消費生活用製品安全法
	プロスポーツの団体・選手契約	・労働組合法 ・日本プロフェッショナル野球協約 ・日本サッカー協会 基本規程

出所：新日本有限責任監査法人（2015）『スポーツ団体のマネジメント入門−透明性のあるスポーツ団体を目指して−』同文舘出版。

▶ 4. 特有の会計処理

　プロスポーツビジネスを運営する企業が株式会社である場合，会社法の適用により一般に公正妥当と認められる企業会計の慣行に従って作成された（会社法第431条）計算書類（貸借対照表，損益計算書，株主資本等変動計算書および個別注記表）および事業報告ならびに附属明細書を各事業年度において作成する必要があります（会社法第435条3項，会社計算規則第59条）。

　一方で，リーグの運営を行う団体の多くは，公益法人です。こちらについては，本シリーズの第1弾『スポーツ団体のマネジメント入門―透明性のあるスポーツ団体を目指して―』にも解説があります。

　なお，Jリーグにおいては，Jリーグクラブライセンス交付規則およびJリーグクラブライセンス交付規則運用細則において，財務基準が定められており，監査法人または公認会計士による監査が求められています。また，3期連続赤字あるいは債務超過に陥った場合には財務基準を満たさない旨が規定されています。

　それでは，プロスポーツビジネスにおける収益・費用の認識について，特に発生の概念をどのように捉えるかにより会計処理が異なる事例を紹介します。

（1）入会金の会計処理

　例えば，Ｊリーグにおいては，J1 に昇格した場合には 6,000 万円，J2 に昇格した場合には 2,000 万円の入会金が必要となっています。この入会金の会計処理について発生の概念をどのように捉えるかにより，会計処理は異なってきます。

　　①入会金が J1・J2 入会時に発生していると考え，入会金請求月の費用として会計処理する

　　②入会金は J1・J2 入会後一定期間に亘り効果が発現すると考え，入会金請求月以降一定期間に亘り費用として会計処理する

　また，この入会金は法人税法上の繰延資産に該当し，税務上は 5 年で償却します。そのため，税務上処理と会計処理が乖離することを回避するため，5 年に亘り費用化する実務も存在すると考えられます。

（2）選手レンタル金の会計処理

　チームに所属する選手を他チームへレンタルすることに伴い，レンタル先から金銭を授受するケースが存在します。この選手レンタル金の会計処理について発生の概念をどのように捉えるかにより，会計処理は異なってきます。

　　①選手レンタル金は選手のレンタルという契約行為に伴い回収する金銭であるため，契約時あるいは選手レンタル金回収時に収益計上として会計処理する

　　②選手レンタル金は選手がレンタル先で試合に出場することに対する対価であるため，レンタル期間に応じて収益として会計処理する

（3）選手契約金の会計処理

　新入団選手と契約を結ぶ際には選手契約金が発生します。この選手契約金の会計処理について発生の概念をどのように捉えるかにより，会計処理は異なってきます。

　　①選手契約金は選手と契約するために発生する費用であるため，契約時に

費用として会計処理する

②選手契約金は選手との契約期間に応じて発生する費用であると捉え，契
　約期間に亘り，費用として会計処理する

　また，この契約金は法人税法上の繰延資産に該当し，税務上は契約期間（契
約期間が定められていない場合は3年）で償却します。そのため，税務上処
理と会計処理が乖離することを回避するため，契約期間に亘り費用化する実
務も存在すると考えられます。

(4) キャンプに要した費用の計上時期

　プロスポーツ団体においては選手強化等を目的としてオフシーズンに毎年
キャンプを実施します。このキャンプは例えばプロ野球では1ヵ月に及び，
多額の資金が必要です。このキャンプに要した費用について発生の概念をど
のように捉えるかにより，会計処理は異なってきます。

①キャンプに要した費用は，キャンプ実施時に発生した費用であると捉え，
　キャンプ実施時の費用として会計処理する

②キャンプに要した費用は，そのキャンプの効果がシーズンを通して発現
　するため，シーズン期間を通じて発生した費用であると捉え，シーズン
　期間を通じて費用として会計処理する

　(1) から (4) において，同一事象に対して複数の会計処理の考え方を紹
介しましたが，どのように会計処理すべきかは，契約内容等をよく吟味して，
その取引の実態に応じて慎重に選択する必要があります。また，いずれのケー
スにおいても毎期継続した考え方を採用することが原則です。特にJリーグ
においては，財務基準が存在し，その期の業績により収益や費用の計上時期
をコントロールする誘因が発生する可能性があるため，監査する立場の監事，
監査法人，公認会計士等は会計処理のベースとなる考え方に継続性が担保さ
れていることを確認する必要があります。また，税務上の取扱いは管轄の税

務局に問い合わせると相談に乗ってくれますので，会計処理に迷った場合には相談するといいでしょう。

Column　地域型クラブの考察〜インタビューを通じて〜

　Jリーグにおいて史上最速のJ2加入後3年でJ1に昇格した松本山雅FC（以下，山雅）は，J2時代は入場者数トップ，J1で戦った2015年シーズンにおいても，観客数ランキング6位，スタジアム収容率では82.5%で1位となる入場者数を記録しました。いわゆる「地域型」クラブの典型ともいえる山雅が成功しJリーグの中でも注目を集めているのは何故でしょうか。本コラムでは，関係者からの声を集め，それを元に山雅の運営会社の神田文之社長，加藤善之副社長兼ゼネラルマネージャーへインタビューを行いました（2015年9月に実施）。

①　Jリーグチェアマン　村井満氏

> 「地域クラブのモデルケースとして注目しています。人口24万人の地方都市において，2週間に一度10,000人を超えるイベントが開催されることは，地域の活性化にとって価値あることであり，すべての人がスポーツに親しむ環境を提供することを目的としたJリーグ百年構想の理念にも合致するものです。併せて，日本の政策課題でもある『地方創生』の1つの指針となり得る事象であるとも考えています。また，集客面については，地方都市におけるモデルケースというべき集客力を誇っており，J1昇格前年（2014年）の平均12,000人も特筆すべきことですが，2015年シーズンは平均16,000人超と，前年を4,000人上回っており，地域クラブとしてアルビレックス新潟に準じる集客力を誇ることは全国の地域クラブから注目される存在であることは間違いありません」

　神田社長，加藤副社長両氏は，山雅の歴史が1965年の「山雅サッカークラブ」から始まったことについて言及した上で「その30年後に発足したJリーグの理念に合致しているとおっしゃっていただけるのは光栄なことです。ただ，意識的に合致させようとしてきたわけではありません。サッカーがしたい，観たいという人間の本能的な欲求を満たすものがもともとこの松本にあり，それが2002年の日韓W杯に向けてアルウィン（現在のホームスタジアム）ができたことをきっかけに2004年にNPO法人アルウィンスポーツプロジェクトを立ち上げ，それがその後Jリーグ参入に向けて形になっていったのです。山雅の本質は，スポーツを通じて仲間が集まり，周りにそれを理解する人達がいたこと，それを長く地

域が支えてきたこと」だといいます。山雅はこれまでプロスポーツの文化が全くといっていいほどなかった信州において，「スポーツを観る文化を育ててきた」ことを強調し，実際に山雅は地域リーグ，JFL に所属していた時代から高い集客力を誇り，それ以降も確実に入場者数を増やしていけたのは，決してスタジアムや練習場等のインフラに恵まれていたからではなく，この「スポーツを観る文化を育ててきた」ことや，ボランティア等のかかわる人を増やし，地域にコミュニティを育ててきたというソフト面だと考えています。また，山雅の象徴的な取り組みとして，「山雅ドリームサミット」と呼ばれる，クラブ，サポーター，ホームタウンが一緒になって，クラブだけでなくホームタウンの今後の成長戦略を考える会議がありますが，このような文化があるからこそ「周りからの大きな期待が責任に変わり，その重みが生み出す緊張感がありました。だからこそ苦しい時期も踏ん張ることができ，結果として 2004 年の NPO 法人立ち上げから 10 年という短期間での J1 昇格を実現できた」と分析しています。「地域の人の思いを誠実に具現化」したのだそうです。

② 同じ「地域型」クラブであるファジアーノ岡山代表取締役社長　木村正明氏

> 「アウェイの試合でアルウィンを訪問した際に，街全体が盛り上がっている印象を受けました。私どもも地域のクラブとして，1 人ひとりがどの程度話題にしているか，とか，心の中にどこまで存在しているか，が大切だと思いますが，その意味において，真に「盛り上がっている」という印象を受けました」

　神田社長，加藤副社長両氏は，山雅の特徴として，選手の固有名詞が出るのではなく「山雅」と呼ばれることを挙げ，それが「小さな町の小さなクラブの強み」であり，「このことを象徴している 1 つではないか」と話しています。

③ 同じく「地域型」クラブである鹿児島ユナイテッド FC 代表取締役　徳重剛氏

> 「常にベンチマークとしている存在です。(入場者数の増加要因は) ライバルチーム (AC 長野パルセイロ) の存在や専用スタジアム (アルウィン) の存在のみならず, クラブの方針・活動が地域に浸透しており, 地域とともにクラブが活動しているからではないでしょうか」

　さらに徳重氏は自身が公認会計士であることから, 山雅の財務諸表を分析した上で, 株式会社設立以来, 毎年継続して黒字という堅実な経営を高く評価するとともに, 自チームと山雅の地理的な違いや, 前述の「山雅ドリームサミット」等の山雅の取り組みについても考察されています。

④ 横浜 F・マリノス　ゼネラルマネージャー　下條佳明氏

> 「興行面やアウェイチームの視点からみた試合運営は『素晴らしい!』の一言です。いつまでもサポーターから「街の誇り」と思ってもらえるクラブであり続けることを期待しています」

　さらに, 下條氏は J リーグ発足時から加盟している「オリジナル 10」のチームで, 「地域型」とは対角のグローバル企業を親会社にもついわゆる「親会社型」のチームであり, 横浜という大都市をホームタウンとする横浜 F マリノスの違いとして, 予算規模や情報量, そしてホームタウンの環境の違いから, 町の規模, 人口, 交通の拠点, 知名度の高い選手の保有を指摘します。

　この点, 神田社長, 加藤副社長両氏は, 下條氏は松本市出身で地域の実状も理解した上での的確な意見と受け止め, 「プロサッカークラブの運営だけでは限界, 閉塞感がある」と認めた上で, 「サッカー以外の事業も立ち上げて, その効果が信州の地域経済を潤し, 基盤となり, 違うスポーツも育成していけるような本当の意味での地域貢献を目指したい」と言います。さらには「今までの J クラブにはない, 『地域型』が『親企業型』へと変貌していく新しいパターン」も視野に入れているとのことです。さらに, 「松本は健康寿命延伸都市を提唱していることから, 健康に関連した事業等を経営し, 仮にサッカー事業が傾いてしまってもそれを補完できる事業を, リスク回避として考えていかなければいけない」と感じています。

⑤　松本商工会議所会頭　井上保氏

> 「山雅が松本にもたらす経済効果として，スタジアムでの飲食やグッズ等の物販，アウェイ客の観光・宿泊・飲食等が挙げられます。民間シンクタンク SCOP の試算によれば，J1 昇格後の経済波及効果は年間約 42.9 億円（直接効果 26 億 4 千万円, 間接効果 16 億 6 千万円）に及ぶといわれ，また，ホームでの試合観戦を何よりも優先して楽しむサポーター（特に高齢者）も多く，余暇の活用，充実したライフワークバランスの 1 つとなっているなど経済効果以外にもよい影響を与えていると思います。これからもフェアプレーで誰からも愛されるチームであり続けてほしいし，山雅を核としたスポーツ文化を長く，中信地区に残してほしいです」

また，井上氏はスタジアムについても言及し，「地域活性化に最も近い手段は街中にスタジアムを置くこと」と，ご自身の見解を話しています。

⑥　地元サポーターの皆さま

> 「勝ち負けに関係なく，これまでと同様に身近に感じられるチームであり続けてほしい」
> 「サポーター，地域に愛されるクラブであり続けてほしい」
> 「地域との繋がりをより強めることでお互いに発展して，世界に自慢できる魅力あるクラブになってほしい」
> 「これからの街づくりの核としての松本山雅でいてほしい」
> 「強いエンターテインメント性，常にドラマがある『山雅劇場』をこれからも見せてほしい」

サポーターからは，このように山雅というチームの特徴をよく表す声が多く聞かれました。

今回のインタビューの内容からは，スポーツビジネスで頻繁に語られる事象が，生の実例として浮かび上がってきます。(1)1965 年に設立された地元クラブが，2002 年の日韓 W杯をきっかけに大きく変化し，成功したという流れを生んだスポーツメガイベントの影響力，(2) スポーツが人々の生活や経済を刺激し，地域を活性化するというスポーツの公共性，(3) ビジネスとして利益を獲得し持続可能性を継続させるために必要なビジョンとそれを実現させるためのマネジメント力の重要性，(4) スタジアム一体運営のビジネスとしての魅力など，山雅が体現

してきたことに他なりません。

　日本はスポーツ文化の浸透という点で発展途上の段階といえますが、山雅のようなプロスポーツチームがさまざまなスポーツにおいてこれからも各地域で出てくることが、個性豊かな地域活性化を可能にする1つのかたちではないでしょうか。

　「理想のプロスポーツチーム」について、神田社長、加藤副社長両氏は、次のように話してくれました。

　「真似できないものだからこそ、人は憧れるのではないでしょうか。人々が興味をもち、追いかけ、当てはめることができる、それがスポーツだと思います。夢を追い求め、それを超えようとするからパワーが生まれ、そのパワーが世の中のために循環し、新しいものを創る力になる。それを実現することがスポーツチームにできる社会貢献だと思います。与えた感動を人々が世の中に還元していくことができる流れを創り出せるチーム。これが私達の考える『理想のプロスポーツチーム』です。」

　山雅自身が地域から大きな支援を受けて発展し、それを社会貢献として返すという循環がありますが、インタビューを通じて、それを生み出す軸には「スポーツを観る文化を育てる」という強い理念があることが伝わってきました。もし、ここに街中スタジアムという魅力的なハードウェアが加わるとどうなるのだろうと想像するだけで、夢はさらに膨らみます。山雅というチームと松本という地域の底知れぬ力を体感したインタビューとなりました。

クラブ概要：
チーム名：松本山雅フットボールクラブ（松本山雅FC）
運営団体：株式会社　松本山雅
ホームスタジアム：サンプロ　アルウィン（長野県松本平広域公園総合球技場）
1965年創設。名称は選手が松本駅前にあった喫茶店「山雅」へ通っていたことに由来。

インタビュー協力者：株式会社松本山雅　代表取締役社長 神田文之氏，同代表取締役副社長 加藤善之氏，公益社団法人日本プロサッカーリーグ J リーグチェアマン 村井満氏，株式会社ファジアーノ岡山スポーツクラブ 代表取締役社長 木村正明氏，名古屋グランパス　ゼネラルマネージャー（元横浜 F・マリノス　ゼネラルマネージャー）下條佳明氏，株式会社鹿児島プロスポーツプロジェクト 代表取締役 徳重剛氏，松本商工会議所 会頭 井上保氏，松本山雅 FC サポーターの皆さま

■参考文献

新日本有限責任監査法人（2015）『スポーツ団体のマネジメント入門―透明性のあるスポーツ団体を目指して―』同文舘出版
平田竹男（2012）『スポーツビジネス最強の教科書』東洋経済新報社
武藤泰明（2013）『プロスポーツクラブのマネジメント―戦略の策定から実行まで 第 2 版』東洋経済新報社

公益財団法人日本プロスポーツ協会 ホームページ
国税庁 ホームページ
footballgeist.com ホームページ
J リーグ ホームページ

プロスポーツビジネス

11 選手のマネジメント・エージェント

▶ 1. ビジネスの概要

　プロスポーツビジネスでは，多くの人々の関心が寄せられるとともに，多額の資金が動きます。そして，それに伴ってさまざまなスポーツビジネスが派生的に活性化します。興行主だけでなく，それを企画・支援する広告代理店，報道するスポーツメディア，競技運営団体，スポーツ用品メーカー，スポーツ食品メーカーなどのビジネスチャンスが広がり，それらのスポーツビジネスとプロスポーツビジネスの連携が強まることになります。その連携の重要な要素に，プロ選手があります。スター選手の活躍は，その競技の人気を盛り立て，人々の注目を集め，夢と勇気を与えます。それと同時に，その発言や行動はビジネスという観点からも重要になります。

　一方で，プロ選手は基本的には，その競技のスキルを身につけるために多くのエネルギーを費やしてきた一個人です。その個人が，プロスポーツビジネスの中で生きていく上では，スポーツのスキルだけでなくさまざまな対処能力が求められます。時には企業と交渉する必要がありますし，自らの市場価値を高めるためにアピールすることさえあります。

　しかし，一個人が対応できることには限りがあります。そこで誕生したのが，選手のマネジメント・エージェントビジネスです。プロ選手と企業の間に入り代理行為を行ったり，両者の緊密な関係をサポートし，時にプロ選手の価値をマネジメントしたりすることを生業とします。

　スポーツビジネスが比較的早く成長した欧米圏ではスポーツにおけるマネジメント・エージェントビジネスも比較的早くビジネスとして確立されてき

ました。そして，日本でも，徐々にそのビジネスが広がりをみせています。

　選手に対するマネジメント・エージェント活動は，アスリートの価値を最大限に創造することを目的としています。すなわち，アスリートが目指す舞台でよい競技結果を残せるように，日常・練習・試合の環境を整えること，現役時代に築き上げた価値を引退後も保持・向上させ社会の需要とアスリートの引退後のキャリアを繋ぎ合わせた市場を創造すること，アスリートの現在のステージに合わせたサービスを提供しながら先のステージを見通したプランを提案しアスリートのキャリアをサポートしていくことなどがアスリートの価値の創造に繋がっています。

　アスリートのブランディングやエージェント（代理人業務，海外進出支援，スポンサー獲得など），総合的な環境整備やライフサポートを行うことで，アスリートが競技者として，また個人としての価値を最大化できるようなサポートをしていくための総合的マネジメント活動と言い換えることができます。

　選手に対するマネジメント活動を大別すると，(1)環境整備・アスリートマネジメント，(2)スポーツマーケティング・プロデュース，(3)エージェントに分類されます。

(1) 環境整備・アスリートマネジメント

　アスリートが競技生活を行っていく上で不可欠な身体・メンタル面のケアやコンディショニングから，対戦相手や競技会場などのデータ分析，移動手段や宿泊施設の手配，遠征先での練習環境の確保など，国内外の遠征環境の整備などを行います。アスリートが競技に集中し，最高のパフォーマンスを追求できるようサポートします。

　環境整備・アスリートマネジメントを一言で表すと，「アスリートが希望することを形にして実現すること」といえるでしょう。環境整備・アスリートマネジメントが日本においてビジネスとして成立する1つのきっかけは，1990年代，PRが本業であった㈱サニーサイドアップ（以下，サニーサイドアップ社）に，あるトライアスロン選手がもちかけた「もっと自分を上手に

売りたい。契約交渉を代わりにやってほしい。その代わりスポンサーとの契約金の一部を手数料として払いたい」という依頼でした。競技者は競技に集中し，競技を継続するためのサポートを強く求めていたのです。

　かつては，多くのアスリートは個々人ができる範囲でスポンサー探しをしていました。野球やサッカーなどのメジャー競技の中でも，一握りの選手を除いては，輝かしい戦歴があっても十分なスポンサーを見つけるのは容易なことではありませんでした。現在ではスポーツマネジメント企業は，スポンサーの獲得，試合のエントリー（出場すべき試合の提案），遠征の宿泊手配，マネージャーの帯同，外部取材のコントロール，メディア出演の窓口，税金や資産運用のアドバイスなどを提供しています。アスリートマネジメントを行う会社が増加傾向にあり，提供メニューも充実してきており，伝統的なフィジカルケア，メンタルケア，栄養サポート，海外ネットワークなどのサービスに加えて，対戦相手の練習や試合のデータを解析し戦略・戦術を提案するなどのサービスも登場しています。

(2) スポーツマーケティング・プロデュース

　アスリートのパーソナリティーを保護しながら，効果的なメディアプロモーションを行います。また，アスリートが競技を通じて発信していきたい競技普及や社会貢献活動を具現化することで，アスリート自身の発信者としての価値を高めます。具体的には，スケジュール管理，アスリートのイメージ管理，メディア戦略，PR，肖像権の管理，事業制作などが含まれます。

　スポーツマーケティングを考えるとき，前提としてスポーツを視聴型と参加型に分類すると理解が容易となります。代表的な例を挙げると，プロ野球やJリーグなどの興行型のプロスポーツが観客や視聴者をターゲットとした視聴型スポーツ，市民マラソンが参加ランナーをターゲットとした参加型スポーツの代表格といえます。この分類により，広告主からみると，ターゲットへの関与の距離感が間接的（視聴型）か直接的（参加型）かの違いが生まれてきます。

1970年代後半にスポーツマーケティングという言葉が登場した当初，スポーツマーケティングとはすなわち視聴型スポーツの市場が中心でした。テレビやラジオの普及によりマスマーケティングが注目されていた時代において，商品を販売する立場からすると，より広範なターゲットに直接的にアプローチできることが求められました。イベントへの参加者や，実際にプレーする競技者をターゲットにする参加型スポーツでは，どうしても参加人数や競技人口に限界があります。そのため，マスメディアを通じて発信される視聴型スポーツが投資対効果としても重視されてきました。

　現代のように多チャンネル化が進み，視聴者も世界中から好きなスポーツを選択できる時代とは異なり，メディアも少なく娯楽が限定されていた時代からプロ野球，大相撲といったプロスポーツはエンターテインメントの中心で，まさに多くの人にとってのスポーツは娯楽としての視聴の対象でした。そのような需要環境において，1970年代初頭から国内のプロゴルフトーナメント（JPGAツアー）が始まり，企業や放送局が主催者となって大会を運営する形態が急速に発展・確立していきました。また1980年代においては，ジョン・マッケンロー，ジミー・コナーズ等の世界的なスター選手が出場するテニス大会も日本で開催されるようになり，スーパースターのプレーを楽しむという視聴型スポーツにスポンサーの協賛金が集まるようになりました。広告業界最大手である電通のスポーツビジネスの始まりも，まさにスポンサー主催型の視聴型スポーツでした。

　スポンサーのスポーツイベントへの関与の方法は，大別して以下の4点が中心であり，視聴型スポーツに対するスポンサーの関与スキームは現在においても大筋は変わりません。

　　①協賛金などの費用面でのサポート
　　②大会運営への支援（競技器具の無償提供など）
　　③選手への支援（移動交通費，宿泊費など）
　　④広報サポート（大会告知など）

　そして 1990 年代以降，1991 年東京世界陸上，1994 年広島アジア大会，1998 年長野冬季オリンピック・パラリンピック，2001 年福岡世界水泳，2002 年日韓 FIFA W 杯などのビッグイベントの開催を経て，スポーツイベントが国際化・大型化するに伴って，開催資金の主要な収入源としてマーケティング収入の重要性がさらに高まることとなりました。

　その中でスポーツマーケティングの内容も多様化の道を辿ることになります。インターネットの普及などによる多媒体化や，テレビやラジオといった昔ながらの媒体において多チャンネル化が進むとともに，新たな収入源として放映権販売が注目され始めました。

　このような市場環境においては，スポンサーにとっての協賛メリットといえば，「人気のあるスポーツ中継を通じて露出される広告看板」，「選手等を広告に起用しての企業イメージの向上」，「選手が身に着ける用具の露出を通じての商品ブランド力の向上」などが挙げられます。加えて，視聴型スポーツが参加型スポーツの市場に与える影響も少なくありません。プロ野球選手やプロゴルファー，プロテニスプレーヤーに憧れて野球やゴルフやテニスを始めた競技人口も多く，競技人口が多ければ，当然用具やウェア，ゴルフ会員権といった周辺ビジネスの需要も高まります。J リーグ開幕，FIFA W 杯開催によるサッカー人気の活性化は，視聴型スポーツが参加型スポーツに影響を与えた代表例だといえます。近年ではテニスの錦織圭選手の活躍により，小中学生を中心に年代を問わずテニス人口が増加しています。

　このように成長を遂げてきた現在の市場において，スポーツマーケティング・プロデュースの果たす役割はますます大きくなり，アスリートのイメージ戦略，メディア戦略，それに付随する PR 活動やメディア対応，肖像権の管理などが果たす役割は日増しに大きくなっています。

(3) エージェント

　所属・移籍をはじめとする各種契約について，チーム・団体やスポンサーとのコミュニケーション対応，専門的な知識・経験を要する法務業務の対応

などを行います。それには，代理人業務，海外進出，スポンサー対応，契約にかかわる法務業務などが含まれます。

　スポーツエージェントの歴史を紐解いていくと，1920年代にまで遡り，1925年にアメリカンフットボールのレッド・グランジがC・C・パイルとエージェント契約を結んだのが起源とされています。また，MLBでは1967年にデトロイト・タイガースのピッチャーであるアール・ウィルソンが，同球団のゼネラル・マネージャーのジム・キャンベルと年俸交渉に折り合いがつかず，弁護士と相談したという記録があります。そして，このときの弁護士はボブ・ウォールフという，現代スポーツエージェントのパイオニア的な存在とされています。

　しかし，実際に選手組合などで正式にエージェント登録が始まったのは，NFLで1985年からとされており，スポーツエージェントという言葉が広まり始めてからの歴史はまだまだ浅いものといえます。日本でもその歴史は浅く，その浸透が進んでいる段階といえるでしょう。また，選手の移籍や契約には多額の資金が動くこともあるため，エージェントが成功報酬として受け取る金額も多額になる場合もあります。その結果，エージェント自身が金銭的なトラブルの原因になってしまうこともあります。選手は競技に専念したいのと同時に，エージェントが行う法務業務などの専門知識に精通している訳ではありませんので，基本的にはそれをエージェントに委ねていることが多いため，時にエージェントは大きな権限をもちます。ビジネス界では常識ですが，権限と責任はセットですので，エージェントは大きな権限に伴う責任を自覚しなければならないでしょう。

▶ 2.　特徴的なビジネスリスク

（1）契約更新にかかわるリスク

　通常プロ選手との契約は期間が定められており，毎回更新されるとは限りません。契約は交渉事で，さまざまな利害関係が影響を及ぼすこともあります。

また，人々の関心やそのアスリートの人気といった流動的なものによって左右されることもあります。したがって，収入源に不確実性が認められます。

（2）レピュテーション・リスク

プロ選手という個人の行動に左右されるリスクがあります。怪我によって競技生活から離れ，脚光を浴びなくなることもありますし，戦略的にメディアへの露出を抑制することもあります。不祥事に巻き込まれた場合には，契約金の返金や違約金の支払いに応じなければならなくなるかもしれません。社会的な注目度が高いのがアスリートですので，その評判によってビジネスが影響を受けることは避けられません。近年では，インターネットによって情報の伝達スピードも速く，内容の正否にかかわらず，それがアスリートの評判を変えることもしばしばあります。また，アスリートは一個人ですので，時に過ちを犯すことがあるのも事実です。一度それが発生したときには，大きな影響を受けることは容易に想像ができます。

▶ 3．関係性の深い法規制

（1）肖像権・パブリシティ権

マネジメント会社は，所属するアスリートの画像や動画，名義を利用する肖像権を有しており，それ自体を販売したり，出版物や映像などをつくり販売したりする肖像権ビジネスを行っています。

スポーツ問題研究会編『Q&A スポーツの法律問題』によると，一般的に，著名人が自己の氏名や肖像が有する経済的利益をコントロールする権利をパブリシティ権といいます。わが国においては，パブリシティ権について知的財産法等に定めはなく，マーク・レスター事件（東京地裁昭和51年6月29日判決）の判例で初めて認められました。スポーツ業界においも，王貞治メダル製造事件（東京地裁昭和53年10月2日決定）において差止めの仮処分がなされています。

（2）プライバシー権

中田英寿氏書籍事件（東京地裁平成 12 年 2 月 29 日判決）では，マスメディアとの表現の自由との関係でパブリシティ権の侵害は認められませんでしたが，原告（中田氏）の出生時の状況，学業成績等サッカー競技に直接関係しない記述は，プライバシー権を侵害すると判断して，書籍の差止め請求と賠償請求を認めています（同『Q&A スポーツの法律問題』より）。

▶ 4. 特有の会計処理

（1）収益認識
①実現主義

売上の計上は，「財貨の移転または役務の提供」と「対応する現金または現金同等物の取得」という収益の実現要件を満たした時点でなされることになります。個々のアスリートとの契約形態・内容はさまざまですので，その実態に即した収益認識を行う必要があります。

②契約期間の経過による計上

マネジメント契約は期間が限られているケースが多いと思われます。このように一定の契約に従い，継続して役務の提供を行う場合には，契約期間の経過に応じて収益を計上することも考えられます。契約期間が 1 年を超える場合には，当該事業年度に発生したものを正しく割り当てることもあります。

③個別受注案件の完了による計上

一方，継続的な役務提供ではなく案件ごとに個別に受注する契約形態の場合には役務提供の完了時点が収益認識においてより重要な要素になります。例えば，エージェント契約において選手の所属契約等の仲介手数料を成功報酬として得るようなケースでは，所属契約の成立時まで収益計上を待つ必要があるかもしれません。

(2) 未成業務支出金

　サニーサイドアップ社の 2015 年 6 月期有価報告書によると，貸借対照表の流動資産に「未成業務支出金」が計上されています。また，未成業務支出金については個別法による原価法により評価を行う旨が注記されています。さらに業務原価明細書において原価計算の方法は，実際原価による個別原価計算制度を採用している旨記載されています。

　未成業務支出金は，対応する収益が計上されていない契約や案件にかかわる支出を将来業務が成立したときに計上される収益に対応されるために，資産計上されているものと考えられます。(1) の基準に従い既に収益が計上されているものは収益に応じて費用化することになりますし，何らかの理由で収益が見込めなくなった案件については，その程度に応じて即時費用化する必要があります。

(3) 受注損失引当金

　さらに，契約案件ごとに集計されている見積り総原価が受注額を超えた場合には，受注損失引当金を検討する必要性が生じます。いわゆるロスコンと呼ばれるもので，将来的に損失を計上することが判明した契約については，その損失が見込まれた時点で，それに備えて引当金を計上することを慎重に検討しなければならないでしょう。

Column　プロスポーツ選手のセカンドキャリア

＜セカンドキャリア支援の必要性＞

　わが国では，昭和初期から社員の娯楽や福利厚生を目的に実業団スポーツが活発に行われてきましたが，その中心となる選手の多くは企業の正社員として雇用され，競技引退後にはそのまま終身雇用されるという独特な慣習のもとで発展してきました。現在においても，陸上や水泳，柔道などプロリーグのない競技の選手の多くは一部のプロ契約を除き，そのような形態によって競技を続けています。

　しかし，1990年代からの不況の影響によって一企業が抱えるチームの休廃部が相次ぎ，それに代わる受け皿として，地域や複数の地元スポンサーに支えられるプロ形態のチームが増加し，選手の契約もプロ契約が一般化してきました。その結果，スポーツ選手達は引退後のセカンドキャリアに高い関心をもつようになっています。競技によってはプロ選手としての前例が少ないため，参考になるモデルケースも少なく，スポーツ選手という職業をより魅力的にするためにはセカンドキャリア支援の拡充が必要不可欠となっています。

＜プロスポーツ選手のセカンドキャリアの選択肢＞

　プロスポーツ選手のセカンドキャリアの選択肢には，下記のような例があります。

　（1）プロチームと契約し，監督やコーチ，その他スタッフ等になる

　（2）学校に教員や職員として就職し，そこで監督やコーチになる

　（3）一般企業へ就職する

　（4）自ら事業を起こす

　（5）進学，その他

　（1）と（2）はいずれも指導者やスタッフになるという点では同じですが，（1）では現役時代と同じフィールドで競技と直接的にかかわっていく一方で，（2）では本業は学校教員や職員としての勤務であり，競技とは副次的にかかわっていくという違いがあります。（3）では，現役時代から付き合いのあるスポーツ用品会社や関係者が経営する企業へ就職するケース等が挙げられ，競技経験で得た知識や人脈が活かせるというメリットがあります。一方，興味に応じてスポーツとは

関係のない一般の事業会社を自ら探し，就職するケースもあります。（4）では，現役時代に得た収入を元手に自ら事業を起こすケースがあり，比較的イメージのしやすい飲食店開業などが選択肢として挙げられます。海外では現役のうちから副業として始める事例も多くみられます。また，知名度を活かして解説者やタレントとしてマスメディアで活躍する選手もいますが，その数は限定的です。（5）では，大学や大学院に進学して次のキャリアに備えるケースが考えられます。

＜セカンドキャリア支援を行う主体＞

（1）日本オリンピック委員会（JOC）・日本スポーツ振興センター（JSC）

　JOC が行っている「アスナビ」は，社会人になっても競技を続けたい現役のスポーツ選手を対象とした支援であり，競技環境を整えたいスポーツ選手とトップアスリートを雇用したい企業をマッチングしています。引退後のセカンドキャリア支援という位置づけではなく，現役時代から引退後までを含む支援といえるでしょう。

　また，2003 年に発足した文部科学省の中期目標管理法人である独立行政法人・日本スポーツ振興センターも，2016 年 1 月にスポーツ庁委託事業「スポーツキャリアサポート推進戦略」の一環としてアスリートのスポーツキャリア支援に関する情報ポータルサイト「スポーツキャリア総合ポータル」をオープンさせるなど，新たな動きも出てきています。

（2）競技団体（連盟・協会など）

　「トップアスリートのセカンドキャリア支援に向けたスポーツ統括組織（NF）の実態調査」（吉田ら 2013）によると，JOC に加盟する 40 団体にアンケートを依頼して得た有効回答 33 団体のうち，2012 年調査時に何らかのキャリア支援を行っている団体は 11 団体（33.3％）で，残りの 22 団体はキャリア支援を行っていないと回答しました。また，キャリア支援を行っている団体の支援内容の上位 3 つ（複数回答）は，「キャリア支援関連機関との連携作り」，「就職先の紹介」（ともに 45％），「職業能力開発のための支援」（27％）でした。

　2005 年以前の既支援団体は 2 団体でしたが，2007 年には 6 団体，2009 年に 8 団体，2011 年に 11 団体となり，やや増加傾向にはあります。しかし，全

体的にみると競技団体によるセカンドキャリア支援に対する意識は高いとはいえません。

(3) トップリーグ

　日本プロサッカーリーグ（Jリーグ）では，2002年4月よりJリーグキャリアサポートセンター（CSC）を設置し，選手のキャリア教育に取り組んでいましたが，2012年に廃止し，日本プロサッカー選手会（JPFA）と共同でキャリア支援や選手研修等を行うこととし，支援主体間での役割分担と選手のニーズに合わせたセカンドキャリア支援の仕組みの刷新を図っています。また，2007年には日本プロフェッショナル野球機構（NPB）でもセカンドキャリアサポートが立ち上がり，12球団合同トライアウトや冊子の発行をはじめ，いくつかの試みを行っています。

(4) チーム，クラブ

　所属クラブのフロントやバックオフィスに迎える制度もあります。元日本代表選手の中田浩二氏が鹿島アントラーズのクラブスタッフ（CRO：Club Relation Officer）に就任したように，チームがセカンドキャリアを支援することもあります。プロ野球団をもつソフトバンクグループでは，子会社のSBヒューマンキャピタル株式会社が以下に述べる選手会とともに「イーキャリア NEXTFIELD」（https://nextfield.ecareer.ne.jp/）というWebサイトを運営するなど，セカンドキャリア支援に積極的な姿勢をみせています。現時点では制度として公表されているものは少ないですが，選手からのニーズの高まりに対応を模索しているチーム，クラブが増えています。

(5) 選手会

　2014年12月に一般社団法人日本プロ野球選手会が「イーキャリア NEXTFIELD」を開始したのに続いて，2013年に発足した一般社団法人日本バスケットボール選手会では，2015年3月より選手のセカンドキャリア支援として「イーキャリア NEXTFIELD」（http://nextfield.ecareer.ne.jp/basketball/）を開始しました。選手達はバスケットボール選手専用のサイトにログインすることで，選手

専用の求人を閲覧することができ，アスリートを採用したい企業側とのマッチングが実現されています。

　同選手会によると，近年プロ契約のバスケットボール選手が急増したため，「引退後の将来が不安」と答えたバスケットボール選手は68.4%（2014年）となっており，このような需要が高まっていると考えられます。

(6) マネジメント会社など民間団体

　スポーツ選手を対象としたマネジメント会社等は多く存在し，セカンドキャリア支援を含む選手のトータルサポートを行っています。株式会社形態であることが多いため，一般的には有名選手ほどマネジメント契約を結ぶことができる傾向が高いといえます。一方で，例えば一般社団法人形態である「アスリートエール」では，選手のファンや小口のスポンサーをオンライン上で集めることで，特にマイナー競技の選手の資金難とPRをサポートしています。そして，自立性とコミュニケーション力を基礎に，自らファンとスポンサーを獲得し，社会に寄与する思考をもたせることを狙いとしています。現役中にこのようなスキルを身につけることが選手の自立を促し，セカンドキャリアの支援に繋がるといえるでしょう。

＜ビジネスとしてのセカンドキャリア支援＞

　前述のとおり，セカンドキャリア支援の必要性が高まってくると同時にその選択肢や支援主体も広がっています。特に，前述のように，セカンドキャリア支援をスポーツ選手に対する一方的な慈善事業と捉えるのではなく，新たなビジネスチャンスと捉えることで事業展開する例も出てきました。スポーツのプロ化が進む現代において，セカンドキャリア支援はスポーツビジネスを発展させるための重要な要素の1つであり，そのニーズは今後も高まることは間違いないでしょう。そのニーズに応えるビジネスモデルがさらに創出されることが期待されます。

筆者紹介：岡田優介　プロバスケットボール選手（2009/2010/2013年　男子
　　　　　バスケットボール日本代表選出）
　　　　　一般社団法人日本バスケットボール選手会　初代代表理事
　　　　　2010年　公認会計士試験合格
　　　　　2011年　新日本有限責任監査法人　入所

■参考文献

阿部潔（2008）『スポーツの魅惑とメディアの誘惑—身体／国家のカルチュラル・スタディーズ』世界思想社

アレン・グットマン著，清水哲男訳（1981）『スポーツと現代アメリカ』ティビーエス・ブリタニカ

江戸川大学スポーツビジネス研究所編著（2008）『SpoBiz ガイドブック '08‐'09』プレジデント社

株式会社サニーサイドアップ（2015）「有価証券報告書」6月期

新日本有限責任監査法人編（2011）『業種別会計実務ガイドブック』税務研究会出版局

杉本厚夫（1995）『スポーツ文化の変容—多様化と画一化の文化秩序—』世界思想社

スポーツ問題研究会編（2015）『Q&A スポーツの法律問題—プロ選手から愛好者までの必修知識』株式会社民事法研究会

玉木正之（1999）『スポーツとは何か』講談社現代新書

日本スポーツ社会学会（1998）『変容する現代社会とスポーツ』世界思想社

原田宗彦（2008）『スポーツビジネス叢書 スポーツマーケティング』大修館書店

原田宗彦・小笠原悦子編著（2008）『スポーツビジネス叢書 スポーツマネジメント』大修館書店

広瀬一郎（2004）『スポーツ・マネジメント入門 第2版』東洋経済新報社

道垣内正人・早川吉尚編著（2011）『スポーツ法への招待』ミネルヴァ書房

株式会社サニーサイドアップ ホームページ

株式会社スポーツビズ ホームページ

第Ⅳ部

スポーツビジネス
のこれから

　近年，スポーツビジネスの発展を目指してさまざまな取り組みが活発になっています。スポーツがもつ大きな力が，ビジネスの力と手をとり合えば，お互いの発展に繋がることは多くの事例が示しています。

　第Ⅳ部の前半では，わが国と世界のスポーツビジネスのスケールを定量的に比較し，わが国の現状の理解を深めます。

　そして，後半では，これまでに取り上げられなかったスポーツビジネスのさまざまなトピックを紹介しながら，今後のスポーツビジネスの展開を予測するのに役に立つ情報を提供します。

　これらの最新の動向からは，今まさにスポーツというコンテンツを核に，新しいものが創出されているという高揚感が伝わってきます。わが国のスポーツビジネスは新しい時代を迎えようとしています。スポーツビジネスがわが国の基幹産業として発展し，私達の生活をより豊かなものにしてくれる未来の姿がより鮮明にイメージされるのではないでしょうか。

日本と海外のスポーツビジネス

▶ 1. 世界のスポーツビジネスとのスケール比較

（1）スポーツ用品ビジネスの展望〜世界に挑む日本企業〜

　まず伝統的なスポーツビジネスであるスポーツ用品ビジネスについて，代表的な企業を比較してみましょう。世界の総合スポーツ用品メーカーといえば，売上高世界1位の NIKE, INC.（以下，ナイキ）（本社：アメリカ）と，売上高世界2位の adidas Group（以下，アディダス）（本社：ドイツ）です。現在，世界のスポーツ用品市場の売上規模では2強となっています。また，売上高の推移を示した図表12−1からもわかるように，両社は順調に事業を拡大しています。

　これに対して，日本の総合スポーツ用品メーカーといえば，株式会社アシックス（以下，アシックス）と美津濃株式会社（以下，ミズノ）です。両社は国内の登山やランニングブーム，スニーカー人気なども後押しして，売上高を伸ばしてきました（図表12−2）。しかし，ナイキやアディダスの数字とは桁が1つ違うのがわかります。

図表 12−1　ナイキとアディダスの売上推移

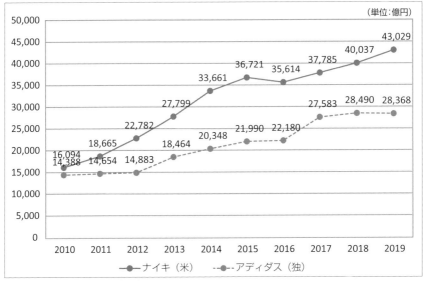

（単位：億円）

出所：各社公開財務諸表より筆者作成。

図表 12−2　アシックスとミズノの売上推移

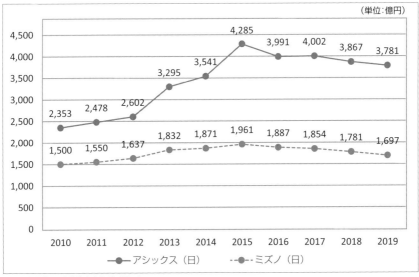

（単位：億円）

出所：各社公開財務諸表より筆者作成。

次に，ナイキのアニュアルレポートおよびアシックスの有価証券報告書の
セグメント情報をみてみます。

まず図表 12-3 は 2015 年のナイキのアニュアルレポートから抜粋した地
域別の売上の内訳です。日本が単独で 1 つのエリアとして別掲されています
が，全体の 28,701 百万 USD に対して 755 百万 USD となっており，他のエ
リアと比較してもその占める割合は非常に小さいことがわかります。ご存じ
のとおりナイキは日本でも非常に人気のあるスポーツ用品ブランドの 1 つで
すが，他のエリアと比較してしまうとこれ程に小さい数字になってしまい，
いかに海外マーケットが大きいかがわかります。

日本企業も，その大きなマーケットをターゲットに海外進出を進めていま
す。図表 12-4 は同年のアシックスの有価証券報告書のセグメント情報です。
日本国内の売上を，米州地域，欧州地域の売上が上回っているのがわかりま
す。

図表 12-3　ナイキの売上の内訳

(Dollars in millions)	Fiscal 2015	Fiscal 2014	% Change	% Change Excluding Currency Changes
North America	$ 13,740	$ 12,299	12%	12%
Western Europe	5,709	4,979	15%	21%
Central & Eastern Europe	1,417	1,387	2%	15%
Greater China	3,067	2,602	18%	19%
Japan	755	771	-2%	9%
Emerging Markets	3,898	3,949	-1%	8%
Global Brand Divisions	115	125	-8%	-2%
Total NIKE Brand Revenues	28,701	26,112	10%	14%
Converse	1,982	1,684	18%	21%
Corporate	(82)	3	—	—
TOTAL NIKE, INC. REVENUES	$ 30,601	$ 27,799	10%	14%

出所：FY2015（2014 年 6 月 1 日〜2015 年 5 月 31 日）の Annual report より抜粋。

12

世界のスポーツ市場の拡大傾向は続いており（図表12-5），日本企業も海外でのビジネスのチャンスをいかに獲得できるかが成長の1つの鍵となります。

図表 12-4　アシックスの売上の内訳

	日本地域	米州地域	欧州地域	オセアニア／東南・南アジア地域	東アジア地域	その他事業	合　計	調整額	連結財務諸表計上額
売上高									
(1) 外部顧客への売上高	100,645	136,103	116,016	22,451	41,880	11,170	428,268	227	428,296
(2) セグメント間の内部売上高又は振替高	22,139	0	6	20	64	5	22,237	(22,237)	―
計	122,785	136,103	116,022	22,472	41,945	11,176	450,506	(22,010)	428,496

出所：アシックス「平成27年度(2015年1月1日〜2015年12月31日)の有価証券報告書」より抜粋。

図表 12-5　世界スポーツ市場の規模の推移

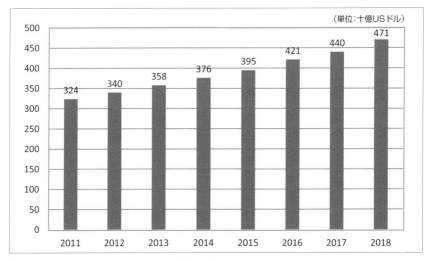

出所：statista ウェブサイトをもとに筆者作成
　　　（https://www.statista.com/statistics/1087391/global-sports-market-size/）。

▶ 2. プロスポーツビジネスのスケール比較

次に，プロスポーツビジネスについて比較してみます。本節では，世界の競技人口も多く，国内外におけるプロスポーツビジネスの最大規模を誇るサッカーを通じて比較します。

（1）わが国のプロサッカーリーグ〜 J リーグ〜

ここでは，2018 年の J1 クラブ運営状況における営業収益をランキング形式で表にまとめました（図表 12−6）。上位は J1 所属期間が長く，大都市に本拠地を置くチームが並びます。また，多くのチームの最大の収入源はスポンサー収入です。2014 年と比較すると，営業収益は 263 億円増えていますが，

図表 12−6　2018 年度 J1 クラブ別営業収益・入場者数平均

	営業収益	スポンサー収入	入場料収入	その他収入	入場者数
神戸	9,666	6,208	840	2,618	367,716
浦和	7,549	3,226	1,923	2,400	603,534
鹿島	7,330	2,156	978	4,196	330,376
川崎 F	6,074	1,478	975	3,621	394,709
名古屋	5,491	3,345	936	1,210	419,218
G 大阪	5,159	1,845	1,152	2,162	399,242
横浜 FM	5,138	2,033	1,127	1,978	370,401
FC 東京	4,844	1,988	947	1,909	449,338
鳥栖	4,257	2,296	678	1,283	255,004
柏	4,150	1,968	449	1,733	193,833
清水	3,983	1,757	582	1,644	254,844
C 大阪	3,871	1,786	618	1,467	319,782
磐田	3,745	1,869	638	1,238	263,060
広島	3,367	1,530	500	1,337	243,874
札幌	2,988	1,306	636	1,046	309,798
湘南	2,978	1,224	480	1,274	206,039
仙台	2,684	1,137	608	939	261,943
長崎	2,323	1,183	407	733	190,827
2018年　総合計	85,597	38,335	14,474	32,788	5,833,538
（参考）2014年　総合計	59,300	28,747	12,212	18,341	5,275,387
2014年と比較しての増減	26,297	9,588	2,262	14,447	558,151

出所：J リーグ　データサイトをもとに筆者作成（https://data.j-league.or.jp/SFTD14/search?endDayNum=8&competition_year=2018&competition_frame=1)。

12

日本と海外のスポーツビジネス

177

そのうち 96 億円はスポンサー収入の増加です。加えて，その他収入に含まれている J リーグ分配金や選手の移籍金の増加等が営業収益を押し上げています。

　J リーグ分配金は，イギリスの動画配信大手パフォーム（2019 年に DZN に名称変更）グループと 2017 年から 10 年間で，総額約 2,100 億円の放映権契約を締結したことで増えています。わが国ではこれまでになかった破格の大型契約として注目を集めましたが，単純に割り算をすると，年間で 210 億円となります。

(2) 世界各国のプロサッカーリーグ〜ヨーロッパのビッグ 5 〜

　イングランド "プレミア・リーグ"，イタリア "セリエ A"，スペイン "リーガ・エスパニョーラ"，ドイツ "ブンデス・リーガ"，フランス "リーグ・アン" を指してヨーロッパのサッカーリーグのビッグ 5 と呼ぶことがあります。近年，ヨーロッパビッグ 5 では，1 人の有名選手の移籍のために，ときに 100 億円を超える移籍金が支払われます。上記の J1 の営業収益の合計が 856 億円ですので，ヨーロッパサッカーリーグ市場の大きさを痛感します。その背景にある放映権料を一覧にしたのが図表 12-7 です。年間で数千億円ですので，J リーグの年 210 億円と比較すると，まさに桁違いということがわかります。

図表 12-7　放映権料比較

リーグ名	国名	契約期間	契約金額
プレミア・リーグ	イギリス	2019-20 から 3 年	国内 55.3 億ユーロ
			国外 51.3 億ユーロ
セリエ A	イタリア	2018-19 から 3 年	国内 29.2 億ユーロ
			国外 10.2 億ユーロ
リーガ・エスパニョーラ	スペイン	2019-20 から 3 年 （海外は 5 年）	国内 34.5 億ユーロ
			国外 44.8 億ユーロ

図表12−8は，ヨーロッパビッグ5の総収益を表したグラフです。トップのプレミア・リーグの総収益は，日本におけるJ1リーグの営業収益合計のおよそ9倍の規模です。そして，プレミア・リーグでは放送料収入が総収益の60%近くを占めています。

また，プレミア・リーグの入場料収入は他のリーグよりも大きくなっていますが，この数字は驚異的です。なぜなら，2014年現在，日本の人口が1億2640万人であるのに対して，イギリスの人口は6640万人と，日本のおよそ半分にもかかわらず，入場料収入は大幅に上回っています。

背景に，ヨーロッパではサッカーをスタジアムで観戦するということは，日本におけるそれと比較してより日常的であることが挙げられます。入場料収入を総人口で割り，国民1人当たり入場料を算出して比較した図表12−9からも明らかです。

図表 12−8　ヨーロッパビッグ5の総収益

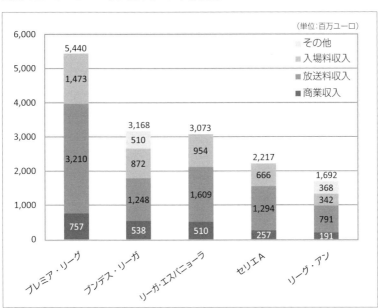

出所：Deloitte.（2019）Annual Review of Football Finance をもとに筆者作成。

図表 12-9　ビッグ 5 と J1 の国民 1 人当たり入場料（2018 年）

リーグ名	国名	入場料収入 （億円）	総人口 （百万人）	1 人当たり入場料（円）
プレミア・リーグ	イギリス	984	66.4	1,482
リーガ・エスパニョーラ	スペイン	663	46.4	1,429
セリエ A	イタリア	334	59.3	563
J1	日本	144	126.4	115

出所：国連人口基金（UNFPA）（2018）「世界人口白書 2018」をもとに筆者作成。

　これによれば，日本は国民 1 人当たりの J1 のスタジアム観戦にかける金額が年間 115 円であるのに対して，イギリスでは実に 12.9 倍となる 1,482 円です。なお，世界的に人気の高いヨーロッパリーグは世界中から観戦ツアーに訪れる観光客も数多くいます。上記にはそれを考慮していないため，本来の国民 1 人当たり入場料は上記よりは小さい数字ではあるでしょう。一方で，それら海外からの観光客は宿泊代，飲食代等の周辺ビジネスにもプラスの影響を与え，入場料以上の経済効果を各国にもたらしています。

(3) 世界各国のプロサッカーリーグ～メジャーリーグ・サッカー～

　それでは，最後にアメリカに焦点を当ててみましょう。アメリカでは，野球，アメリカンフットボール，バスケットボールの三大スポーツが圧倒的な人気を誇っています。しかし，メジャーリーグ・サッカー（以下，MLS）も近年では多くのスター選手が移籍するなど話題性も多く，1 試合当たりの平均観客動員数は 2019 年シーズンには 2 万 1,310 人と盛り上がりをみせています。また，2015 年シーズンの放映権料は年間約 108 億円と前年比 5 倍に急増しています。MLS 人気が高まっている理由に，米国がこれまで培ったスポーツビジネスのノウハウを活かしていることが挙げられます。ここで，特に，MLS で特徴的なのは「シングル・エンティティ・システム」と「専用スタジアム」です。

■シングル・エンティティ・システム

　シングル・エンティティ・システムとは，リーグとクラブがあたかも１つの会社のように運営されるシステムのことで，その主目的は，選手の契約金や年俸の高騰を抑えることにあり，クラブ間の戦力差を抑えたほうが盛り上がるというアメリカ的な考え方と，クラブ経営を安定させるために契約金や年俸を抑え込むというオーナーの事情があります（ただし，１チーム２人までクラブが独自に年俸を設定できる特別指定選手制度も導入されており，近年ヨーロッパビッグ５から一流選手がMLSに移籍しているのはこの制度を活用しています）。

■専用スタジアム

　スタジアムの観客動員数の増加は入場料収入だけでなく，放映権料やスポンサー収入を増やすことに繋がります。そのため米国のプロスポーツでは，クラブが専用スタジアムを保有し，さまざまな特徴と雰囲気を出すことの重要性が認知されていました。MLSでは，５万人規模の巨大なスタジアムをつくるよりも，客席を埋めることができるより現実的な規模のスタジアムによって，スタジアムをファンで埋め，熱狂的な応援が繰り広げられることで，スポンサーの広告価値を増やし，かつ観戦できないファンによるテレビ観戦というニーズを生み出しています。MLSは各オーナーにサッカー専用のスタジアム保有を求めていますが，多くは２万人前後の専用スタジアムとしているのは，非常に興味深いものです。

（4）世界のプロサッカーリーグ〜クラブ経営〜

　最後に，スタジアムを所有し運営する一体経営の典型的な例として，スペインの代表的なクラブであるＦＣバルセロナのAnnual Reportをもとにそのスケールを確認してみましょう。

　図表12-10をみると，FCバルセロナには多額の無形資産がありますが，これには選手等に関する投資が含まれます。また，有形固定資産には保有

する3つのスタジアムが含まれています（CAMP NOU, MINIESTADI, PALAU BLAUGRANA, PALAU BLAUGRANA 2 (PICADERO)）。その結果，総資産は1,359百万ユーロ，日本円にして約1,700億円という資産規模に達しています。

一方で，FCバルセロナの2018〜19期のスタジアム収益は212百万ユーロであり，約6年で総資産とほぼ同額のチケット収益を得る計算になります。なお，3つのうちの1つであるCAMP NOUスタジアムでは，そのうちの72百万ユーロと約3分の1の収益を得ており，通常の国内リーグでのチケット収益が大きな割合を占めます（図表12−11）。これらの数字からも，スタジアムを所有するリスクを十分に賄えるチケット収益力があることがわかります。

各国のプロスポーツと比較したときに，わが国のプロスポーツビジネスが経済規模に対して小さいことがわかります。それは，わが国のスポーツビジネスが発展途上であり，これからさらに成長する潜在的な能力を示すものであるといえるでしょう。

図表12−10　FCバルセロナの要約財務諸表（2019年6月期）

（単位：百万ユーロ）

要約貸借対照表	金額		金額
有形固定資産	234	固定負債	512
無形資産（選手等）	528	引当金等	209
金融資産，その他資産	194	流動負債	506
流動資産	403		
		純資産	133
総資産	1,359	負債及び純資産	1,359

出所：FCバルセロナ公表 annual report より筆者作成。

第Ⅳ部　スポーツビジネスのこれから

（百万ユーロ）

2018/19 のチケット収益の種類	金額	割合
国内リーグチケット	47.0	65%
欧州チャンピオンズリーグ	16.9	25%
コパ・デル・レイ（国王杯）	4.3	6%
ガンペール杯	2.6	4%
スーパーカップ	1.2	2%
合計	71.6	―

出所：FC バルセロナ公表 annual report より筆者作成。

■参考文献

Deloitte.（2019）Annual Review of Football Finance
FC バルセロナ annual report
国連人口基金（UNFPA）（2018）「世界人口白書 2018」
総合メディカル株式会社（2016）FY2015 Annual Report
アシックスジャパン ホームページ

アディダスジャパン ホームページ
ナイキ ホームページ
ミズノ ホームページ

12

日本と海外のスポーツビジネス

スポーツビジネスの創出

▶ 1. スポーツツーリズム

　近年，世界の旅行需要は目覚ましい成長をみせています。各国の経済成長に伴って，海外旅行を含めた旅行を楽しむ経済力を得た人口が世界的に増加していることが背景にあると考えられ，今後さらに増加していくことが予想されます。図表13−1は世界旅行機構（UNWTO）のレポート「ツーリズムハイライト2015」から抜粋したものですが，2019年に発行された同レポートによれば，国際観光客数は2018年に14億人に到達しています。また，当該レポートの中では2014年の国際観光収入（国際訪問客の宿泊，飲食，エンターテインメント，ショッピング等）は1兆4,510億米ドル（約160兆円）と算出されています。

　旅行は何も海外旅行だけではありません。観光庁が公表している観光白書（平成30年版）によれば，国内旅行での延べ人数は3億人程度を維持しており，多くの人が継続して国内旅行を楽しんでいることがわかります。

　こうした背景を受けて，2008年10月に発足した観光庁は，わが国の「観光立国」の推進体制を強化するために設立されました。その政策の1つにスポーツ観光，すなわち，スポーツツーリズムが挙げられています。

　JTB総合研究所では，スポーツツーリズムを「スポーツを見に行くための旅行およびそれに伴う周辺観光，スポーツを支える人々との交流などスポーツに関わる様々な旅行のこと」と定義しています。ここでは，「みるスポーツ」（プロ野球，Jリーグ，Bリーグ，大相撲など），「するスポーツ」（ランニング，ウォーキング，登山，スキーなど），さらには「支えるスポーツ」（地

図表13-1　国際観光客数の推移

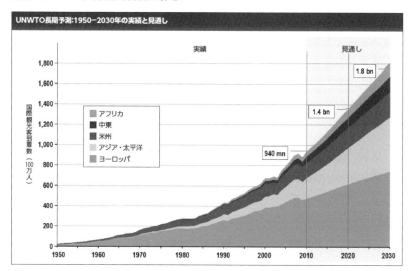

出所：世界旅行機構（UNWTO）「ツーリズムハイライト2015」より抜粋。

域密着のスポーツチーム運営，市民ボランティアの大会支援，競技大会の誘致等）について，スポーツ資源を最大限に活用し，国内観光振興およびインバウンド拡大の促進を謳っています。

　2010年5月には，スポーツ団体，観光団体，スポーツ関連企業，旅行関係企業，メディアおよび関係省庁が会する「スポーツ・ツーリズム推進連絡会議」が誕生しました。2016年の8月から12月にかけては，スポーツ庁がスポーツツーリズム関連会社14社とともに「スポーツツーリズム需要拡大のための官民連携協議会」を開催しました。

　海外ではスポーツを資源に数多くの観光客を集めています。スポーツを見ることを目的にその国を訪れる観光客は数多くおり，周辺ビジネスも含めるとその経済効果は非常に大きなものに繋がります。観光庁では，2011年6月に「スポーツツーリズム推進基本方針～スポーツで旅を楽しむ国・ニッポン～」を取りまとめ，さまざまな施策に取り組んでいます。その結果，以下

の効果が見込まれるとしています。

　　直接的効果

　①　訪日外国人旅行者（インバウンド）の増加

　②　国際イベントの開催件数増加

　③　国内観光旅行の宿泊数・消費額の増加

　　間接的効果

　①　活力ある長寿社会づくり

　②　若年層の旅行振興

　③　休暇に関する議論の活発化

　④　産業の振興

　⑤　国際交流の促進

　また，スポーツを活用した観光まちづくりも掲げられています（図表13
－2）。ここでもわかるように，スポーツビジネスの観点から直接的なステー
クホルダーとなる民間企業としては，旅行会社，交通機関会社，観光施設運
営会社，宿泊施設運営会社，飲食業界が挙げられます。記載がないところで
は，旅行情報等を提供する各種ウェブ運営会社，出版社なども挙げられます。

　わが国でスポーツツーリズムに繋がるスポーツとして，具体的に図表13
－3が挙げられています。

　わが国でのスポーツツーリズムの概念は比較的歴史が浅く，発展途上とい
えます。そうした中で，図表13－3のようなスポーツにおいて，多くの観光
客を惹きつけるための課題は数多く挙げられます。例えば，魅力的な情報発
信，多言語の対応，案内板等のインフラ整備，官民の連携，クレジットカー
ド等を活用した決済の仕組みづくり，人材育成（アスリート・外国人含む），
スポーツツーリズム教育機関の充実など，これから強化していかなければい
けない事項が山積みです。

　それは，企業にとってはビジネスチャンスが数多く残されていることを示
しています。官民が協働しなければならない事項も多いですが，民間企業か

図表13-2　スポーツを活用した観光まちづくり

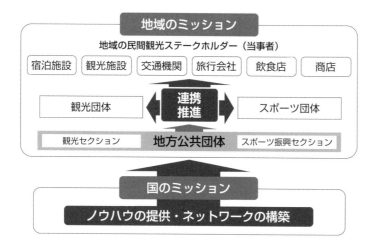

出所：国土交通省（2011）「スポーツツーリズム推進基本方針」より引用。

図表13-3　スポーツツーリズムに繋がるスポーツ

スポーツ	備考・背景
ウィンタースポーツ（スキー等）	夏と冬が反対のオセアニア，降雪のないアジアに人気。中国人等にも拡大。周辺観光（温泉）も人気
アウトドアスポーツ（登山等）	豊かな自然を活かす新たなコンテンツの整備も。トレイルラン，ノルディックウォーク，ヒルクライムなど
マリンスポーツ（ダイビング等）	沖縄など世界有数のスポット
スポーツ観戦	伝統スポーツ（大相撲，柔道等）：欧米，アジアから幅広い層 プロスポーツ（サッカー，プロ野球など）その他，フィギュアスケート，Ｆ１など
ゴルフツアー	中国の富裕層の増加，韓国での人気
各種国際大会キャンプ地	東京マラソン，大阪マラソンなど 英国水泳チーム，中韓のプロサッカー，プロ野球チームなど
国内スポーツイベント	国体，高校総体，各種競技会など

らも既にさまざまな試みが始まっています。

　旅行会社からは以前よりスポーツを関連づけたツアーパックが売り出されていました。ホノルルマラソンのスポンサーでもある日本旅行は，nta sports というスポーツ参加型ツアーを数多く打ち出しており，その種目もマラソン，サッカー，野球，ハイキング，ヨガと多様です。

　海外旅行を得意とするエイチ・アイ・エスでも，スポーツ体験・スポーツ観戦ツアーを数多く取り揃えておりニーズに応えています。Ｊリーグでも，各チームが交通料金と観戦チケットがセットになった応援オフィシャルツアーを組むことが増えています。プロ野球でも有名ＯＢと一緒に行く観戦ツアーなどが売り出されることがあります。旅行ではアイディア次第でさまざまな付加価値を加えたツアーが可能ですので，今後さらに消費者のニーズを捉えたツアーが販売されると思われます。

　逆にインバウンドの訪日観光客へのユニークなサービスも始まっています。トラベリエンスでは 2013 年より，現地の通訳案内士と訪日観光客を繋げるサービスを提供しています。米国発の個人と民泊先とのマッチングサービスを提供する airbnb（エアビーアンドビー）もあります。いずれもインターネットを活用し，消費者の個々のニーズに対応したサービスとして人気を得ています。

　従来，日本の旅行客は団体ツアーを利用することも多かったのですが，情報が増え，消費者の嗜好も多様化した昨今では，消費者のニーズを細やかに汲み取ることで，新しいビジネスを生み出さすことができると考えられます。一方で，旅行では各種トラブルも生じやすく，スポーツツーリズムでも同様で，怪我等の補償や，イベントが中止になったときの対応など，実務上配慮しなければならないことも多いです。こうした課題が克服され，スポーツツーリズムが今後ますます発展していくことが期待されます。

▶ 2. スポーツとテクノロジー

アスリート達は競い合う中で，さまざまな最新の科学技術を活かしてきました。栄養の摂り方，筋肉トレーニングの仕方，ストレッチの仕方，練習の負荷のかけ方，メンタルトレーニングなど，常に進化しており，いち早くそれを取り入れた選手が好成績を残すと，他の選手も追随し，広がっていきます。そうした技術は，プロ選手だけでなく，アマチュアや学生，愛好家にまで書籍やインターネット，メディア等を通じて紹介され，活用されます。

日本が得意とする科学技術は，これからもスポーツに貢献し続けるでしょう。例えば，3D センサー，3D カメラ，高感度カメラ，スロー再生技術，夜間撮影技術，水中撮影，ドローンによる撮影，ミクロカメラといった撮影技術の進化は，選手やプレーの詳細な分析，より臨場感のある映像を可能にします。2016 年 9 月には，NTT データが VR（仮想現実）技術を用いたプロ野球選手向けのトレーニングシステムを発表し，2017 年シーズンから東北楽天ゴールデンイーグルスがファーストユーザーとして利用を開始しています。

また，ビジネスで注目されたビッグデータは，スポーツの世界でも取り入れられています。選手のプレーを数値化して分析することで，評価したり，対戦相手の攻略に活かしたりすることができます。個人レベルでのトレーニングのデータも記録し分析すれば，その選手の次のトレーニングに活用されますが，ビッグデータとして集積すれば，一般化されたトレーニング理論の進化に繋げられます。

データの活用という意味では，個人の愛好家でも iPhone などのデバイスを使って，ランニングの距離やペース，心拍数などを記録し，そのデータを分析してトレーニングに役立てるアプリやウェブサイトが次々に登場しています。

一方，スポーツを「する」側だけではありません。「みる」側もデータを楽しむことができます。例えば，従来から記録好きで知られている米国メジャーリーグでは，非常に細かいデータをもっています。選手の成績の 1 つに打率がありますが，年ごとの打率，生涯打率，得点圏打率，満塁時の打率，

デーゲームの打率，ナイトゲームの打率，対戦相手別の打率，何番で打ったときの打率，回ごとの打率等々と非常に細かい記録が存在します。また，打率や走塁などの複数の要素をポイント化し，ポイントの高い選手を紹介してみるなど，その魅力をさまざまな角度からデータを使って分析します。

サッカーやラグビーの世界でも近年，選手をゲーム中の走行距離やパスの成功率などのデータで評価し論評することが増えています。ゲーム中の選手を追い続けデータに落とし込む技術もまたIT技術です。こうしたビッグデータの活用は，これまで感覚的に観戦していた側にも，数値による分析という新しい見方を提示しており，スポーツの魅力を違った形で追求することを可能にしています。

このように，IT技術がスポーツを「する」「みる」「ささえる」上で活用されれば，当然にその技術を提供することでビジネスが可能です。IT技術は従来のビジネスの形を次々に変えています。今まで紹介してきたスポーツビジネスの領域においても，新しいIT技術や，IT技術を活かした新しいアイディアをもった企業が次々に参入し，市場を活性化しています。例えば，スポーツメディアでは，自分の興味があるスポーツニュースに特化できるスマートフォンのアプリや，スポーツのライブ感を共有しながら楽しめるアプリが提供されています。各種のIT技術を活用することで，従来の手法では応えきれなかった消費者の潜在的なニーズを掘り起こし，消費者のニーズを掴むことができれば，少ない資金であってもビジネスチャンスを得ることが可能になります。

▶ 3. eスポーツの台頭

eスポーツとはエレクトロニック・スポーツに由来し，複数プレイヤーで対戦する電子ゲームを競技として捉える際の名称です。近年米国や中国をはじめ，世界で大規模eスポーツ大会が開催され，注目を浴びています。日本でも2018年2月に一般社団法人「日本eスポーツ連合（JeSU）」が設立

されました。同年の夏にインドネシアのジャカルタで開催された第18回ア
ジア競技大会では，eスポーツが公開競技として初めて実施され（全6タイ
トルの種目），サッカーゲームにおいて日本代表が見事金メダルを獲得しま
した（決勝戦は日本対イラン）。また，同年9月の東京ゲームショウ2018
（TGS2018）では，出展社数は668企業・団体，総来場者数は歴代最多の29
万8,690人を記録しました。そのため，2018年は「eスポーツ元年」といわ
れています。ここでは，今後も大きな発展を遂げるであろうeスポーツをビ
ジネスの観点から見ていきたいと思います。

（1）eスポーツビジネスの収益構造

　2018年におけるeスポーツビジネスの収益は，世界で約1,000億円だった
といわれています。図表13−4は，その内訳と今後の成長の予測を示して
おり，メディアライツ，スポンサーシップ，広告の3つが8割近くを占めて
おり今後も拡大することがわかります。今後最も成長することが見込まれて
いるセグメントはメディアライツで，18％（約183億円）から40％（1,326
億円）に増加すると予測されており，一説では2019年に既に1,000億円を
超えたというデータもあります。この予測は，米国の主要プロスポーツリー
グの収益構造において，メディアライツの平均が約37％であることを根拠
に置いています。

　このことからもわかるように，eスポーツビジネスの収益構造は，メガス
ポーツにおけるクラブチーム，リーグとメディアのビジネス関係と同様にな
ると考えられています。つまり，放映の著作権を所有，管理する組織，大会
組織のリーグ運営者とそのリーグ加盟チームが収益を持続的に享受できるの
です。実際，ゲーム動画配信サイトはすでに観戦者数に応じた報酬をeス
ポーツ大会組織に支払っています。メディアライツは，将来的には放送局，
OTT（オーバー・ザ・トップ）といった有料放送までを，その収益源にす
るでしょう。

　2018年には，米連邦最高裁はそれまでラスベガスがあるネバダ州以外で

は認可していなかったスポーツ賭博の解禁を全州で認める判断を下しました。これによって米国ではeスポーツに対するオンラインギャンブルの合法化を視野にカジノ，オンラインゲーミング産業による投資が始まっており，2020年には約1兆4,700億円の市場規模ができると予測されています。今やインターネット普及によりネット経由のサービスのほとんどはボーダーレスですから，国内から海外eスポーツのオンラインベッティングも不可能ではなく，より多額の資金がeスポーツビジネスに流入していくことでしょう。

図表13−4　eスポーツビジネスの収益内訳（2018年）と将来予測（2022年）

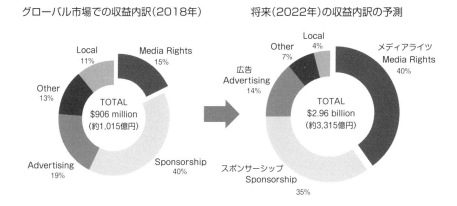

出所：Goldman Sachs Esports Investment Research 2018より引用。

(2) ゲーム会社のビジネスモデルのシフト

　ところで，eスポーツビジネスのメインプレイヤーとして真っ先に浮かぶのはそのゲームを開発・発売するゲーム会社ではないでしょうか。しかし，上述のとおりeスポーツビジネスの収益源はメガスポーツと大きく変わることはなく，大きな収益を獲得するのはeスポーツリーグの運営者です。仮にゲーム会社が運営者に対して自社ゲームのIP（知的財産権）を振りかざしメディアライツビジネス収益を取り込もうとすれば，リーグ運営者はその

ゲームでの運営を避けて異なるゲームへの投資にシフトしてしまいかねません。そこで，ゲーム会社自身がeスポーツリーグの運営者を兼ねるというビジネスモデルを模索しています。例えば，Fortnite（2017年リリース）やOverwatch（2015年リリース）という大人気ゲームが登場しましたが，これはゲーム会社がリーグを運営しています。日本でのeスポーツの成功事例として，ミクシィ（XFLAG）のモンスターストライクがありますが，これも開発・運営は実質ミクシィです。今後もどのようなビジネスモデルが生まれるか期待が高まります。

（3）eスポーツリーグの運営方式

　それではeスポーツリーグの運営に目を向けたとき，大きく2つの考え方，すなわちクローズドのフランチャイズ制とオープン制があります。ビジネス化する上でどちらの戦略が成功するかは，地域性やゲーム性も関係します。クローズドのフランチャイズ制では，ゲーム大会の開催がコントロールされます。例えば，制限されたチーム・スロット枠が大会運営者，興行主により設定され，チームはそのスロット枠を購入して高額賞金リーグに参戦をする方式です。例えば，米国のバスケットボールやフットボールのリーグ運営方式がこれに当たります。メリットとしては，チームの降格がないためスポンサー契約をしやすく，長期的なチーム育成が可能になる点です。また，リーグの収益性向上も見込まれます。ちなみに大手リーグのレベニューシェアモデルの一例ですが，約3分の1ずつを選手，チーム，リーグで分配していると推定されています。デメリットは，強いチームがおおむね主要都市に所在するため，地方ゲーマーやファンを獲得しにくいことです。また降格がないことでeスポーツサポーターのエンゲージメントやドラマ性が少なくなることです。一方のオープン制は，草の根でも大規模でも，ゲーム大会運営者による自由なトーナメント開催が許されている方式となります。

　いずれの運営方式でも，スポーツビジネスは競技そのものの面白さ（ゲーム性）だけでなく，魅力的選手とそれを支えるファン（コミュニティ）がい

てこそ成立します。この点でも，eスポーツビジネスはメガスポーツと同様なのです。

（4）日本の動向

　日本にも世界を代表するゲーム会社が多数あり，世界中に普及しているゲームのプラットフォームやコンテンツを生み出してきました。しかし，経済産業省によれば2018年の国内のeスポーツ市場の規模は約48億円程度と世界に比べるとまだまだ小規模です。その背景の1つに法規制の問題がありました。

　例えば，魅力的な選手による魅力的な大会を開催し，世界中のファンの注目を集めるには高額な賞金が必要不可欠ですが，海外ではスポンサー収入だけでなく参加者から参加費を徴収し賞金に充てることで賄うことができました。日本ではこうした手法が景品表示法に抵触するのではないかという議論があり，消費者庁などの関係各省庁への確認が行われ，適法に大会を開催するための条件を整理してきたのです。

　また，日本ではゲームセンター以外の場において有料でゲームをする場を提供することは風営法によって禁止されています。そのため，テレビゲームを使った大会開催は適法性（風営法及び著作権侵害）が問われます。さらに，eスポーツを普及させる上ではそれを楽しむ「場所」の確保が重要ですが，風営法に抵触しないことが必須となりますので，大会開催（専用スタジアム）やeスポーツ練習場（eスポーツカフェ等）の設置には，業界の指針やコンセンサスが重要といえます。

　現在，こうした障害を乗り越えながらeスポーツがビジネスとして成長する環境整備が進められていますが，2019年には経済産業省が「令和元年度新コンテンツ創造環境整備事業（eスポーツに係る市場規模等調査分析事業）」の取り組みを開始し，「eスポーツを活性化させるための方策に関する検討会」をJeSUに委託するなど，国内のeスポーツビジネスの成長への取り組みが本格化しています。2020年3月に公表された当検討会の報告書では，

図表 13-5　eスポーツの社会的意義と経済効果（経済産業省）

出所：経済産業省ホームページより引用。

長期目標として市場規模を 2025 年に 600 億円から 700 億円という数値を掲げています。そして，eスポーツの社会的意義と市場成長のための提言がまとめられています（図表 13-5）。今後，官民の取り組みがますます活性化することが期待されています。

（5）eスポーツビジネスの発展のための課題

　最後に，eスポーツビジネスの発展のための課題について触れたいと思います。それはメガスポーツにも共通することですが，インテグリティの確保のための取り組みです。eスポーツビジネスの周辺ではいくつかの問題が指摘されています。例えば，eスポーツにとってオンラインゲームによるコミュニティの拡大は重要ですが，それを支えているのが LootBox，いわゆる「ガチャ」です。ガチャとは，ゲーム内でプレイヤーが獲得したポイントやリアルな金銭によって購入するアイテムがランダムで決まる課金方式で，ユーザーを増やすためにゲームの参加を無料で開放するゲーム会社にとっては重

要な収益源の1つとなっています。しかし，ゲームにのめり込むほどにユーザーが投資する額が上がっていきかねず，社会問題化しています。実際，ガチャのシステムを搭載したゲームは一部の国では規制対象となっています。また，そもそも長時間のゲームへの没頭はゲーム障害を招く危険性を高めてしまいかねません。さらには，ゲームに勝ちたいがためにチートやハックという不正行為も発生しています。こうした社会問題をeスポーツの発展が加速させてしまうかもしれないという側面があることは否定できません。

これらの問題に対してeスポーツ業界の自主的な取り組みや規制づくりは始まったばかりです。今後eスポーツがビジネスとして成長するためには，スポーツとしての透明性・公平・公正性の確保というインテグリティに対する取り組みは非常に重要であり，多額の資金を投資しようとしているビジネス界による取り組みもまた不可欠だといえるでしょう。

▶ 4. スポーツビジネスの成長を支える諸要因

国内のスポーツビジネス市場には，国内の人口減少や日本経済全体の停滞というマクロ的なリスクがあることも事実ですが，成長をドライブさせる要因が数多く存在します。ここでは，スポーツビジネスのビジネスチャンスになり得る社会の意識や構造の変化について解説します。

(1) 人々の健康志向の高まり

内閣府が実施した「国民生活に関する世論調査」によると，日常生活での悩みや不安のカテゴリーで「自分の健康」が2013年に初めて50%超となり，1位の「老後の生活」(55.3%) に続く2位 (52.4%) となりました。高齢化によるシニア層の増加も当該調査結果の一因ではあるとは考えられますが，近年，シニア層に限らず国民の間で健康志向が高まっており，生活習慣病をはじめとした将来的な病気の予防や若々しい老後を過ごすための健康維持・管理への関心が高まっていると考えられます。目的意識は過去の状況とは異

y

z

w

u

t

s

r

q

なる点もありますが，総じて人々の健康志向の高まりは定期的にスポーツに取り組む人の割合の増加に繋がり，将来的な日本社会の保険制度・年金制度の見直しの影響を考えると，病気予防の手段として，人々の間で運動の重要性はますます高まるものと考えられます。

（2）健康寿命の長期化によるシニア層のスポーツへの取り組み

日本人の平均寿命の伸びとともに健康寿命が長期化してきています。厚生労働省が実施した「国民健康・栄養調査」によると，2003年以降，50代の運動習慣者の割合が横ばいで推移している一方で，60代，70代以上の運動習慣者の割合は上昇しています。これは健康寿命の伸びに伴い，健康でスポーツに取り組むことができる60代以上のシニア層が増えていることに起因していると考えられ，急速な高齢化が進む日本においても，スポーツ人口に占めるシニア層の割合が今後も増加していくことが予測されます。

グローバルでもトップ10に入る規模で事業展開し，大手スポーツクラブ運営を手掛けるセントラルスポーツ㈱によれば，同社の会員のうち，60歳以上の会員が占める割合が2010年度は31.4%だったのに対し，2014年度は37.4%と増加しており，シニア層が積極的にスポーツに取り組んでいる様子が窺えます。

（3）働き方の多様化による余暇時間の増加

厚生労働省が実施した「毎月勤労統計調査」によれば，2014年における労働者全体の年間総実労働時間は1,788時間となり，前年と比較して3.6時間減少と2年続けてのマイナスとなりました（図表13-6）。ところが，正社員の年間総実労働時間は，リーマンショック直後の落ち込みを除くと，過去10年ほぼ横ばいで推移しています。パートタイマー比率が上昇している要素も合わせて総合的に解釈すると，労働者全体での労働時間は減少していますが，これは労働時間が短いパートタイマーの比率が大きくなっていることが主要因であり，正社員の労働時間自体は減少していません。このように，非正規雇用者の採用促進等による働き方の多様化が，全体としての余暇時間

図表13-6　労働時間の推移

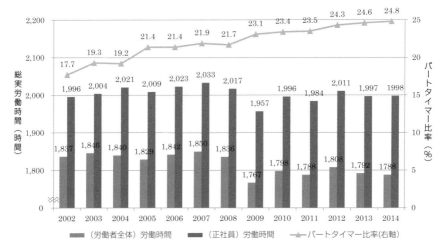

出所：厚生労働省「毎月勤労統計調査」より引用。

図表13-7　1世帯当たりの年間消費金額とスポーツ関係費

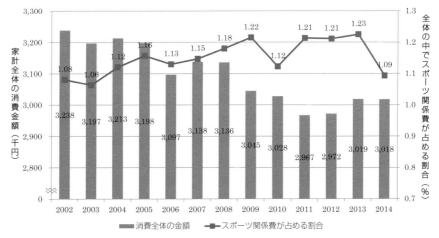

出所：総務省「家計調査」より引用。

の増加をもたらし，余暇の過ごし方の選択肢の1つとしてスポーツに取り組む人が増えたと考えられます。

　また，総務省統計局の「家計調査」によれば，わが国の1世帯当たりの家計年間消費金額はデフレの影響等もあり減少傾向にありますが，その中でもスポーツ関係費（スポーツ用品支出，月謝，観戦料，施設利用料等）については1.1〜1.2%程度で推移しており，ほぼ一定となっています（図表13-7）。家計消費が減る中でスポーツに費やすお金は維持されており，余暇にスポーツを楽しむ人々が増えることで，家計に占める相対的な割合は増加傾向にあるといえます。

（4）スポーツに求める目的の変化

　人々のライフスタイルの多様化とともに，スポーツに求める目的が多様化しているといわれています。セントラルスポーツ㈱によれば，スポーツクラブに入会する会員の中で，いわゆる競技のためのスポーツではなく，仲間と一緒に体を動かす時間を楽しんだり，時間を共有するコミュニティをつくるなど，スポーツを通じて個々人の目的の実現を志向する人々が年々増えてきているといいます。その結果として，従来は特に競技スポーツに興味がなかった層のスポーツ参画へのハードルが下がり，スポーツクラブに入会する人々の属性が多様化してきています。

　このように，人々のライフスタイルの多様化はスポーツへの取り組み方にも変化を及ぼし，スポーツに取り組む人々の裾野の広がりに繋がっていると考えられます。

（5）トップアスリートの活躍による効果

　近年，多くの日本人選手が野球の米国・メジャーリーグやサッカーの欧州リーグ，スーパーラグビーといった海外のトップリーグで活躍しています。さらにテニスの錦織圭選手やゴルフの松山英樹選手など，海外のメジャー大会で好成績を収める若手選手の台頭もあり，われわれ日本人にとっても海外

のプロスポーツの情報に触れる機会がより身近になってきています。

　このようなトップアスリートの活躍は，従来型のプロ野球中継といった一般の民間放送の全国視聴率や関連する雑誌や書籍の発行が落ち込む一方で，海外スポーツがいつでも視聴できる専門番組の契約者数の増加やスマートフォンでの配信開始など，スポーツメディア側の放送コンテンツの発信方法にも大きな影響を及ぼしています。衛星テレビ広告協議会によれば，スポーツ専門チャンネル（日テレ G+，ゴルフネットワーク，GAORA，JSPORTS，スカイ Asports+ の主要 5 社）の視聴世帯数が 2008 年時点ではおよそ 3,000 万世帯だったのに対して，2014 年には 3,700 万世帯を超えるまでに拡大しています。さらには，海外で活躍する日本人選手が増加するにつれて，ユニフォームや選手専用モデルの製品の販売増加といったスポーツ用品市場拡大に影響を与えたり，新たにスポーツを始めるためにテニスやゴルフスクールに入会する人が増えるなどさまざまな場面で変化が現れています。

(6) プロリーグによる効果

　日本のプロスポーツも，上記のトレンドの変化に対応を進めています。1993 年に開幕した J リーグは，2002 年の自国開催の W 杯の盛り上がり等も相まって順調に観客動員数を伸ばしてきましたが，2000 年台後半になり成長がやや鈍化していました（図表 13−8）。そこで状況を打開するために，近年ではアジアサッカーの発展を視野に入れた「アジア戦略」や，エンターテインメント性を向上させて若い女性やファミリー層を取り込む「裾野拡大」といった新たな取り組みを実行し，観客動員数を増やしています。

　また J リーグの調査によれば，観戦者の約 8 割が，J リーグのクラブはホームタウンで大きな貢献をしており，クラブが地域で重要な役割を果たしていると考えています。公益社団法人日本プロサッカーリーグによれば，J リーグでは試合会場を「競技場」ではなく，「スタジアム」と呼びますが，これはサッカー競技をする / 観戦する場に来るというよりは，スタジアムとはその地域コミュニティの中心で，地域や地元への愛着や一体感を醸成する場と

図表13-8　Jリーグのクラブ営業収入と入場者数の推移

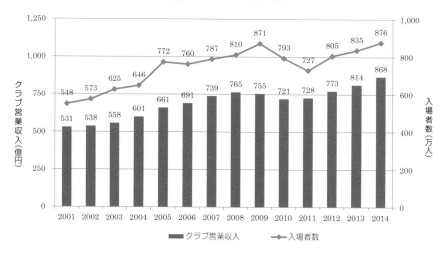

出所：Jリーグ公式ホームページより引用。

位置づけていることに起因するといいます。従来のプロスポーツでは，試合会場においてトップレベルの競技をスポーツ愛好者が観戦という意図だけで楽しむといった構図が一般的でしたが，近年では地域に根差した親しみやすいプロスポーツに触れる場に形を変えて，従来は取り込めていなかった観客層を巻き込んで共存していく構図に変わりつつあるといえます。

（7）スポーツ産業市場拡大に向けた企業のチャレンジ

　ここまで述べてきたとおり，スポーツ産業の市場構造の変化には人々のライフスタイルの変化や多様化が大きく関係しています。このような流れの中で，企業も消費者の変化に対応するためにさまざまな取り組みを始めています。

　この一例として，スポーツ用品メーカーの取り組みが挙げられます。コラムでも登場したアシックスでは，従来の伝統的な販売チャネル（メーカーから卸,その後小売りという流れ）ではないインターネット販売や直営店の展開，またスポーツイベントでの試着や試走を通じて，実際に商品のよさを体感し

13

スポーツビジネスの創出

201

てもらうことによる拡販などの取り組みを積極的に推進しています。販売店に頼らない，エンドユーザーとの接点を増やすことで，自社のブランドや伝えたいメッセージを直接訴えかけることが可能となり，ブランディングの1つの方法として今後も取り組みを拡大していく予定だといいます。さらに，今まで取り込めていなかった層（女性，シニア層）が主要ターゲットとなりつつある中で，今まで重視されてきた製品の「使い勝手」や「価格」だけでなく，「デザイン性」や「機能性」といったポイントに価値を見出す消費者も多く，製品開発においても消費者ニーズの多様化への対応が重要となっています。

　さらに，「医療」や「介護」といった今までスポーツビジネスとは無縁であった異業種との連携が進みつつあり，従来にはなかった新しいサービスも生まれてきています。スポーツ・ヘルスケアと呼ばれることもあり，従来，スポーツ事業を営んでいた企業が，日本の人口の高齢化など市場の変化を踏まえて，予防やリハビリとしてのスポーツ事業を展開するために，異業種企業との協業によって新しい付加価値の高いサービスが生まれています。

　デザイン性の高いスポーツ用品が日常的となる中で，「ファッション」と融合するスポーツ用品分野も大きな話題を呼んでいます。スポーツ用品といえば，まずは競技の特徴に合わせた機能重視の製品開発が基本線となりますが，人々の多様化した価値観の中では機能を劣後させたとしても，デザイン性の高いスポーツ用品に価値を見出すセグメントが形成されてきています。企業同士の連携のみならず，地方自治体や教育機関，研究機関も交えた「産学官連携」の動きも注目に値するでしょう。例えばセントラルスポーツ㈱では，地方自治体や大学病院と共同で新たな取り組みをスタートさせており，今後他の企業や業種においてもさまざまな連携，取り組みが増えていくことが想定されます。また，アシックス㈱においても，現在，地方自治体など行政が保有する体育館や運動場といったスポーツ施設の管理業務を受託し，施設運営や運動プログラムを提供するなど，複合的なスポーツ施設管理事業を推進しています。施設利用者のスポーツを楽しむ機会を支援しつつ，自社の製品・サービスに触れ合う機会を創出することで，これまでと異なるマーケ

ティングチャネルから自社製品を訴求し，既存事業との相乗効果を狙っています。また，2016年には大学スポーツの産業化を目指して早稲田大学との包括的提携も発表するなど新領域にも乗り出しています。

このように，今後のスポーツビジネスは個々の産業がそれぞれ進化するだけでなく，各産業の融合や新たな分野の誕生により，さらなる発展が期待されています。スポーツ用品の購入やスポーツ観戦といった従来型のスポーツ産業の市場規模は，緩やかな経済成長率，人口減少，そして迫りくる高齢化社会を所与の前提とするならば，現在もトレンドとして強い成長を実現するには至らず，今後も同様の傾向が続くことが予測されます。しかしながら，スポーツイベントや観光といったスポーツが誘発する消費行動拡大の可能性，企業やスポーツ産業関係団体の新たな取り組みによる市場刺激施策の実施，そして何よりも既存の価値観に縛られない人々の多様な志向に基づいた行動など，市場環境を一変させる要因は多く存在します。

スポーツビジネスの市場とは将来的に定義が変更されたり，主要産業のミックスが変わるなど，さまざまな変化が想定されますが，潜在的価値の高い産業であると考えられます。

▶ 5. スポーツビジネスの周辺知識*

（1）国際スポーツ競技大会に求められる意義

リオデジャネイロで開催されたオリンピックでも，多くの国民が日本選手団の活躍を期待し，獲得したメダルの数が連日報道されていました。しかし，メダル獲得だけが国際スポーツ競技大会に求められているわけではありません。これからメガイベントを予定しているわが国において，国際スポーツ競技大会の意義について理解を深めることも重要です。図表13-9は，オリンピックに求められる重層化した機能を地層になぞらえて描いたものです。

＊特別寄稿　髙橋義雄（筑波大学准教授）

オリンピックは，1896年にアテネで欧米先進国のわずか13ヵ国295人，それもすべて男子選手のみで第1回大会が開催されました。人数からすれば今日の学校運動会のような規模です。19世紀後半は，ちょうど近代国家の成立時期と一致し，オリンピックの社会的な価値が広く共有されることもなく，1900年の第2回大会，1904年の第3回大会は万国博覧会の附属の国際競技大会として開催されています。また第3回までオリンピックは，個人やチームで申し込めば参加できました。1904年のロンドン大会からは，国を代表する国内オリンピック委員会（NOC）を通じて，アマチュアだけが参加できる大会となり，開会式では国旗を先頭にして入場する方式も採用されました。このことはナショナリズムを高揚する機能を発揮させることとなり，今日の国別対抗のメダル獲得競争へと結びついています。

1909年にアジア初の国際オリンピック委員会（IOC）委員となった嘉納治五郎は，1912年の第5回ストックホルム大会に参加するために，国内オリンピック委員会として大日本体育協会を組織し，オリンピックに初めて代表団を参加させました。日本もオリンピックを通じて近代国家の仲間入りを実感しましたが，わが国のメダル獲得数は国威発揚として重要な機能を果たしています。

戦後になってもオリンピックのもつ国威発揚の機能はひきつがれます。東西冷戦下の1980年の第22回モスクワ大会では，ソ連のアフガニスタン侵攻

図表13-9　国際スポーツ競技大会に求められる意義

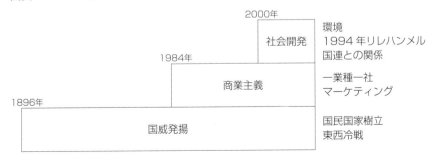

に反対する西側諸国が参加をボイコット，続く1984年第23回ロサンゼルス大会ではソ連が不参加と，オリンピックがナショナリズムを象徴するがゆえの結果となりました。その後もオリンピックは，新興国が招致に成功し，先進国の仲間入りを国内外に示す役割を担うことが，1988年の第24回ソウル大会や2016年の第31回リオデジャネイロ大会からもわかります。

　オリンピックは1908年以後，アマチュア選手だけが参加できる大会でした。そのためスポーツでビジネスするという「スポーツビジネス」が生まれる余地はありませんでした。しかし1984年に開催された第23回ロサンゼルスオリンピックで状況が一変します。当時，レーガン政権下にあったアメリカは市場原理と民間活力を重視しており，税金で賄うオリンピックから民間資本を導入した商業イベントにオリンピック大会をつくり替えました。これが第二の地層を形成しています。今日まで続く国際的なスポーツイベントの一業種一社の基本的なマーケティングのフォーマットが構築され，オリンピックの商業的な意義が確立されました。

　このオリンピックへのスポーツビジネスの導入によって，ナショナリズムとコマーシャリズムという両輪を得たオリンピックは強力な社会装置として機能するようになります。その結果，オリンピックを招致したい都市が増加し，招致合戦が過熱化するとともに，招致理念が招致を勝ち取る上で重要な要素となりました。1994年の第17回リレハンメル冬季大会では，「自然にやさしいオリンピック」を掲げ，環境プロジェクトを設置して，オリンピック運動を自然環境保護運動にリンクさせることに尽力しました。2000年の第27回シドニー大会では，招致段階から自然保護団体のグリーンピースと提携しさまざまな試みがなされました。オリンピックの強力な社会的機能は，オリンピックムーブメントとしてオリンピックの価値を高めることにも寄与しました。紀元前8世紀の古代オリンピックからオリンピック休戦という言葉があるように，今日ではオリンピックは平和な社会の構築や社会開発にとって強力なツールであることが認識されています。スポーツは，2015年に向けた国連のミレニアム開発目標（Millennium Development Goals）にとっ

ても費用対効果の高いツールであるとされ，21世紀に入ってからの国際スポーツ競技大会は平和と社会開発との親和性が必要になっています。

　以上より，今日の国際スポーツ競技大会にかかわるスポーツビジネスでは，「国威発揚」「商業主義」「社会開発」の3層の発想が同時に求められ，それぞれのバランスをとることが求められているという理解が必要となるのです。

(2) サービス・ドミナント・ロジック

　近年のサービス・マネジメントの潮流として，2004年のスティーブン・バーゴとロバート・ラッシュの論文に端を発する「サービス・ドミナント・ロジック」という従来とは異なるサービス観に基づいて経済活動や経営論理を捉え直そうとする動きがあります。従来の「グッズ・ドミナント・ロジック」では，モノとモノ以外のサービスが分けられ，企業が価値をつくる主体で，顧客は価値を消費する主体とされています。この世界観では，企業と顧客との「交換価値」を最大化することが目標になります。しかしサービス・ドミナント・ロジックでは，「顧客が製品やサービスを使う過程において企業が行う活動や顧客がとる行動が価値を生み続ける」と考えるため，企業と顧客はともに価値を共創することになります（藤川，2014）。

　スポーツビジネスは，スポーツ活動に直接的あるいは間接的に参加するサービスにおいてビジネスをすると同時に，参加する顧客を相手に，サービスを提供したい異なる顧客ともビジネスをする活動です。これまでのスポーツビジネスは，一般のサービス・マネジメントと同様，グッズ・ドミナント・ロジックによって，スポーツサービスが生産すると同時に消費される「同時性」，スポーツサービスが蓄えたり在庫として扱えない「消滅性」，またスポーツサービスが手にとったり目にみえない「無形性」，そして提供する時間や人が変わればその価値が変わる「変動性」について議論してきました。

　これからはサービス・ドミナント・ロジックを取り入れることで，顧客とのリレーションシップを高め，顧客と一緒になってより質の高い感動的な経験を共創することを常に考える必要があります。この考え方でスポーツビジ

ネスを捉えられれば，スポーツの試合やスポーツの実践など，今行われているサービスとともにそのサービスが消費された後に起きる顧客の求めるニーズにも注意を払うことが重要です。サービス後に繰り返される顧客とスポーツサービス生産側の繰り返されるインタラクションから派生するニーズもビジネスに変えていく知恵が必要になります。

（3）スポーツビジネスとマルチサイド・プラットフォーム

　サービス・ドミナント・ロジックに基づく顧客との価値の共創は，一対一の関係だけではなく，多面的に複数の顧客が巻き込まれる価値共創の可能性をもちます。Jリーグの大宮アルディージャが提供する大宮アルディージャ・ビジネスクラブ（ABC）がその事例に当たります。大宮アルディージャの協賛企業は，価値共創だけでなく，ビジネスクラブに入会した複数の協賛企業同士が価値共創を行い，マルチサイドでビジネスが行われています。スポーツイベントは，それにかかわるステークホルダーが多いのが特徴です。スポーツイベントにかかわるステークホルダーがお互いのビジネスを展開できるように，そしてスポーツイベントがビジネスのプラットフォームになるように，まずは適切なプラットフォーム参加者を選定し，プラットフォーム参加者間の価値共創を促進し，そしてプラットフォームでの課金（マネタイズ）の仕組みを考える必要があります。マネジメント側は，スポーツイベント・プラットフォームの参加者の交流促進を進めることで課金ができる仕組みづくりを構想できなければなりません。

（4）求められるスポーツマネジメント人材

　本稿では，国際的なスポーツイベントがつくり出す価値が時代とともに変化し，商業化したスポーツビジネスを上手にステアリングし，そして社会的な価値を，プラットフォームに参加するステークホルダーがマルチな関係で共創し合うことを促進することで課金できる仕組みが，スポーツビジネスの肝になることを説明しました。文章で紹介することはたやすいですが，この

ようなマルチサイド・プラットフォームのスポーツビジネスを構想できる優秀な人材の育成についても，その仕組みの検討は重要です。

　2015年現在，日本にはスポーツビジネスに関係する可能性のあるスポーツ関連大学が137大学にも達しています。しかしスポーツビジネスにかかわる労働市場が小さいため，卒業後もスポーツビジネスにかかわれる可能性は大きくはないのが現状です。またプロスポーツビジネスにかかわる人材をみても，スポーツ関連大学や大学院以外の場合も多くみられます。

　スポーツマネジメント人材に必要な能力（コンピテンシー）に関する研究によれば，スポーツ科学やスポーツ技術などのスポーツに特殊的にあるものも挙げられますが，会計，法律，ビジネス技術，コミュニケーション，マネジメント技術等，一般的に求められる経営能力も重要とされます。こうしたビジネスに必須の技術は，現場での実践的な経験によって学ぶ点も多く，実践的なスポーツビジネスの場面をより多く経験できる事例研究や現場の実務者をゲストに招いたアクティブラーニングを繰り返すことが重要であると考えられます。

　わが国においては，プロ野球，プロサッカーに加えてプロバスケットボールも開幕し，スポーツビジネス人材の流動性を高め，競技を越えてスポーツビジネスに卓越した人材が移動することでさまざまなスポーツ種目や，非営利のスポーツ競技団体のスポーツビジネスが好転していく可能性があります。スポーツ庁が目指す，スポーツ産業の活性化に向けた施策を実現できる人材育成実践型のプラットフォームである「スポーツ経営人材プラットフォーム協議会」（2016年10月に第1回を開催）の動きは，わが国のスポーツマネジメント人材養成に向けた大きな一歩であると考えられます。

■参考文献

世界旅行機構（UNWTO）（2015）「ツーリズムハイライト 2015」
藤川佳則（2014）「サービス・ドミナント・ロジック：先進企業事例に見る「価値づくり」の
　　世界観」DIAMOND ハーバード・ビジネス・レビュー（ウェブ記事 7 月 23 日）

一般社団法人日本 e スポーツ連合ホームページ
一般社団法人日本スポーツツーリズム推進機構 ホームページ
エイチ・アイ・エス ホームページ
観光庁 ホームページ
経済産業省ホームページ
厚生労働省 ホームページ
国土交通省 ホームページ
トラベリエンス ホームページ
日本旅行 ホームページ
JTB 総合研究所 ホームページ
J リーグ ホームページ
TOTAL SPORTEK ホームページ

Column　新しいビジネスの創出〜ＩＴを活用したスポーツレッスン〜

　現在，私達がスポーツを学ぶ場として思い浮かべるのは，学校の授業，部活動，地域のスポーツクラブ，サークルなどがありますが，こうした従来からのスポーツレッスンには，大きく２つの課題があります。

　１つ目は「格差」です。まず，地域格差があります。都心部やその近郊ではグラウンドやアリーナなどの設備も豊富で，プレーヤーや指導者も多く集まり，質の高い指導環境が整っている一方で，地方では都心に比べると環境が必ずしも十分とはいえないところが多く見受けられます。最近では地方自治体が街づくりにスポーツを積極的に活用しようと投資を行っているケースもあり，地域格差はますます広がっているかもしれません。また，経済格差も生じています。優れた設備，指導者のもとでスポーツを学ぶためには，ときに多額の費用負担が生じます。学習塾と同じで，それを継続的に負担できる家計の有無によって，受けられるスポーツ環境が変わってしまいます。「格差」は，教育をはじめさまざまなところで社会問題となっていますが，スポーツの世界にさえ及んでいるのです。

　２つ目は，教える側の「収益性」の問題です。従来のやり方でスポーツを学ぶ場を事業として立ち上げて継続するためには，一定の規模が必要となり「初期コスト」「集客コスト」「運営コスト」などが必要になります。長くアスリートとして競技に専念していれば，技術を教えることには慣れていても，いざ経営となると経験がない方が多く，事業を継続するにはハードルが高くなります。現在では，トップレベルの競技経験をもち，その競技の素晴らしさを何らかの形で伝えたいと思う元アスリートは数多くいますが，それを仕事として実現することは容易ではなく，部活動や地域のスポーツクラブなどの指導は，善意や熱意，ボランティア精神によって支えられていることも多いのです。

　このスポーツレッスンの現場が抱える２つの課題は相互に影響を及ぼし合っているともいえますが，近年ではＩＴを活用することで１つの解決方法が提示されています。㈱だんきちの運営する『スポとも』ではスマホ１台で元プロスポーツ選手によるオンラインレッスンを受けることができます。従来のスポーツレッスンは対面での指導のみでしたが，スマホやタブレットでフォームを撮影してその動画を送ると，送った動画に対して線や音声を入れてわかりやすく解説もしてくれます。また，

コーチからお手本動画が送られるだけでなく，メンタル面のサポートや食事に関するアドバイス，年齢や個々のレベルに応じた練習メニューなども作成してくれます。これにより，教える側も初期コストをかけずにレッスンを行うことができ，教わる側も地方に住みながら一流のコーチからレッスンを受けることが可能となります。

スポーツのオンラインレッスン「スポとも」

㈱だんきちの与島大樹代表取締役社長は，このサービスから得られるメリットについて次のように説明しています。

「まず客観的にチェックできるということ。例えば，練習中にコーチから「投げるときに肘が下がっているから，もう少し肘を上げたほうがよいよ」といわれても，本人からすると上げている「つもり」ということがよくあります。「これだけ上げているのに，何でいつも同じこといわれるの？」と納得できないこともあるかと思います。そのようなときに動画を使って説明してあげることで，「確かにコーチがいうように肘が下がっているな…。もう少し上げるように意識してみよう」というように，客観的に自分の動画をみることで納得して練習に取り組むことができます。次に復習しやすいということです。レッスンでいくつか教えてもらい，わかったつもりになっていても，次の日にいざ1人で練習しようとしたら，「あれ？昨日コーチからいっぱいいわれたけど，何が一番重要だったかな？」というようなこともあります。そのときに動画があるといつでも見返すことができ，復習できます。」

このように，ITを活用することで，新しいスポーツビジネスが生まれています。メディアサービス，スポーツアナリストビジネスなど，スポーツの世界では，さま

ざまなスポーツとITの化学反応が始まっています。こうした動きは今後ますます活発になり，スポーツの世界が変わっていく可能性を秘めています。それを担うのは，スポーツを愛し，ビジネスに情熱を捧げる若き企業家達かもしれません。

㈱だんきち
与島大樹代表取締役社長

与島社長はこれからの目標について以下のように語ってくれました。

「今までスポーツレッスンといえば，直接フェイス to フェイスでの指導が一般的でした。しかし，これからはインターネットや動画を活用することで環境格差をなくし，指導者側へのレッスン機会を増やし，10年後にはスポーツの現場で当たり前のように使われているサービスにしていきたいと考えています」

(2015年)

【会社概要】
株式会社だんきち
設立：2013年2月
事業内容：オンラインレッスンアプリ「スポとも」「Lesson Note」の開発，
　　　　　Webメディア「スポとも GC 通信」の運営
ホームページ：http://dank-1.com/

あとがき

　本書の第 1 版が 2016 年に出版されてから私達の身の回りにはさまざまな変化がありました。2020 年にはコロナ禍により人々の生活は変わり，新生活様式の模索が続いています。それに伴ってライフスタイルに対する価値観も変わりつつあります。また，スポーツ界では，政府の一貫したスポーツ政策のもとで，B リーグが地域に根付き，ラグビーワールドカップは大成功を収め，e スポーツの普及も進みました。一方，ビジネス界でも ESG，SDGs 等の言葉が浸透し，これまで以上に長期的な社会への貢献が重視されるようになりました。

　わが国の政府は 2016 年 6 月に「日本再興戦略 2016」を閣議決定し，その中でスポーツ市場規模を 2012 年推計の 5.5 兆円から 2025 年には約 3 倍近い 15 兆円に拡大することを掲げています。こうしたスポーツ産業の成長産業化の流れを受けて，これまでスポーツにかかわってこなかった多くのステークホルダーも加わって，企業によるスポーツに関連する活動や投資が盛んに行われています。まさにスポーツが起爆剤となって豊かな社会を生み出すことに繋がるでしょう。

　本書は，財務のエキスパートを数多く擁する EY 新日本有限責任監査法人を中心にスポーツをこよなく愛する若手中心のメンバーが，スポーツのますますの発展に貢献したいとの思いから執筆しました。また，スポーツ未来開拓会議のメンバーでもある，筑波大学准教授の高橋義雄先生にも寄稿をいただきました。その結果，本書はリスクマネジメントや会計処理という実務から，スポーツツーリズムや IT によるイノベーションなど幅広いトピックを解説しています。今回の改訂では，今初めて本書を手にする読者の方にとって違和感のないように情報を更新するとともに，e スポーツなど前回取り上げることのできなかったトピックを追加し，より充実した内容になりました。

　本書の出版にご協力いただいた皆様に御礼を申し上げるとともに，本書が，

日本のスポーツ界のさらなる発展に少しでも役立ち，日本のスポーツ界に素晴らしい未来が訪れることを願い，あとがきとさせていただきます。

2021 年 4 月

松村　直季

EYストラテジー・アンド・コンサルティング株式会社

シニアパートナー

EY新日本有限責任監査法人　マネージング・ディレクター

〈執筆者紹介〉

■第2版における加筆・修正
【編集・執筆】
　多田雅之（公認会計士　EY新日本有限責任監査法人　パートナー）

【執筆（一部加筆）】
　佐藤　聡（EYストラテジー・アンド・コンサルティング株式会社　マネージャー）

■初版における編集・執筆
【編集】
　多田雅之（公認会計士　新日本有限責任監査法人　シニアマネージャー）
　佐藤峻一（新日本有限責任監査法人　スポーツ事業支援オフィス）

【特別寄稿】
　髙橋義雄（筑波大学　准教授）

【執筆】
・新日本有限責任監査法人
　芦田千晶（公認会計士　マネージャー）、池上政史（公認会計士）、池山允浩（公認会計士）、岡田優介（プロバスケットボール選手　一般社団法人日本バスケットボール選手会　初代代表理事）、尾﨑慎亮（公認会計士　マネージャー）、金子美紀（公認会計士　マネージャー）、木内志香、佐潟直弥（公認会計士）、清水　衛、首藤洋志（公認会計士）、蛇谷光生（公認会計士）、鈴木浩嗣（公認会計士　マネージャー）、高岡華之（スポーツ事業支援オフィス）、長島由晃、西川貴陽（公認会計士　マネージャー）、西口昌宏（公認会計士　シニアマネージャー）、深田拡慶（公認会計士　マネージャー）、林　瞳（公認会計士）、守屋敬介（公認会計士　マネージャー）

　鵜飼成典（EYトランザクション・アドバイザリー・サービス株式会社　マネージング・ディレクター）
　大西洋平（EYアドバイザリー株式会社）
　松原和恵（EY税理士法人）

（所属・肩書は2016年12月時点）

EY | Building a better working world

EYは、「Building a better working world 〜より良い社会の構築を目指して」をパーパス（存在意義）としています。クライアント、人々、そして社会のために長期的価値を創出し、資本市場における信頼の構築に貢献します。

150カ国以上に展開する EY のチームは、データとテクノロジーの実現により 信頼を提供し、クライアントの成長、変革および事業を支援します。

アシュアランス、コンサルティング、法務、ストラテジー、税務およびトランザクションの全サービスを通して、世界が直面する複雑な問題に対し優れた課題提起（better question）をすることで、新たな解決策を導きます。

EY とは、アーンスト・アンド・ヤング・グローバル・リミテッドのグローバルネットワークであり、単体、もしくは複数のメンバーファームを指し、各メンバーファームは法的に独立した組織です。アーンスト・アンド・ヤング・グローバル・リミテッドは、英国の保証有限責任会社であり、顧客サービスは提供していません。EY による個人情報の取得・利用の方法や、データ保護に関する法令により個人情報の主体が有する権利については、ey.com/privacy をご確認ください。EY のメンバーファームは、現地の法令により禁止されている場合、法務サービスを提供することはありません。EY について詳しくは、ey.com をご覧ください。

EY のコンサルティングサービスについて

EY のコンサルティングサービスは、人、テクノロジー、イノベーションの力でビジネスを変革し、より良い社会を構築していきます。私たちは、変革、すなわちトランスフォーメーションの領域で世界トップクラスのコンサルタントになることを目指しています。7 万人を超える EY のコンサルタントは、その多様性とスキルを生かして、人を中心に据え（humans@center）、迅速にテクノロジーを実用化し（technology@speed）、大規模にイノベーションを推進し（innovation@scale）、クライアントのトランスフォーメーションを支援します。これらの変革を推進することにより、人、クライアント、社会にとっての長期的価値を創造していきます。詳しくは ey.com/ja_jp/consulting をご覧ください。

本書は一般的な参考情報の提供のみを目的に作成されており、会計、税務およびその他の専門的なアドバイスを行うものではありません。EY ストラテジー・アンド・コンサルティング株式会社および他の EY メンバーファームは、皆様が本書を利用したことにより被ったいかなる損害についても、一切の責任を負いません。具体的なアドバイスが必要な場合は、個別に専門家にご相談ください。

ey.com/ja_jp

2016年12月20日	初版発行	
2020年 3 月15日	初版3刷発行	
2021年 4 月20日	第2版発行	
2023年12月20日	第2版3刷発行	略称：スポーツビジネス(2)

スポーツの未来を考える②

最新スポーツビジネスの基礎（第2版）
ースポーツ産業の健全な発展を目指してー

編　者　EY新日本有限責任監査法人

発行者　中　島　豊　彦

発行所　同　文　舘　出　版　株　式　会　社
東京都千代田区神田神保町 1-41　　〒 101-0051
営業（03）3294-1801　　編集（03）3294-1803
振替 00100-8-42935　　https://www.dobunkan.co.jp

DTP：リンケージ
印刷・製本：三美印刷

ISBN978-4-495-20532-4